カタカ＿＿＿る！
接客＿＿語

JN051877

語研編集部 [編]

語研

　年間訪日外客数が 1,000 万人の大台を超えた 2013 年以降，我が国のインバウンドは拡大の一途をたどってきました。インバウンド需要の高まりとともに，「日本語が理解できない外国人観光客をどのようにもてなすか」に注目が集まった結果，多言語対応の重要性が唱えられるようになりました。旅先で言葉が通じるかどうか，トラブルの際に対応できるかどうか，といった外国人観光客の不安を取り払い，「また日本に来たい」と思ってもらえるようなおもてなしを提供するためにも，言語の壁はできる限り低くしなければなりません。なかでも，英語と中国語の優先度は高く，さまざまな店舗やサービスでこれらの言語への対応が進められてきました。

　2012 年ごろから「爆買い」が話題になり，日本のさまざまな観光地で多くの中国人観光客を目にするようになりました。漢字を用いる中国語は日本人にとって，とても馴染みやすい言語といえます。ただし，文法は日本語よりも英語に近く，発音に関しては四声と呼ばれる音の上げ下げが大変重要になってきます。日本語にない音が多く存在するため，正確に言いたいことを伝えるのは一朝一夕には難しいでしょう。しかし，前述したように，日本語には漢字があります。言葉が話せなくても筆記によって言いたいことが伝わる場合も往々にしてあります。英語を話せない中国人観光客も多いため，簡単な挨拶などができれば，よりスマートな対応ができ，相手も気分よく接客を受けることができるでしょう。

　本書では，接客業に従事される方がよく使う表現について，簡単で自然なフレーズで紹介しています。また，中国語初心者向けに，ネイティブの発音に近づけたカタカナルビを付けました。さらに，各フレーズに対応している QR コードを読み込めば，すぐに音声を聞くことができます。中国語で話すことが難しい場合は QR コードを読み込んで，音声を直接聞いてもらう，といった使い方も可能です。

　食事や治安，清潔さといった面で高い評価を受けている日本は，新型コロナウイルス終息後に旅行したい国・地域としても，人気が高いとされています。外国人観光客が再び日本を訪れることができるようになった際，本書が接客業に携わる方々のお役に立つことを願っております。

はじめに iii

本書の使い方 vi

接客の必須フレーズ 2

支払い対応 14

ポイントカード 22

免税の手続き 24

両替してほしいと言われたら 26

返品したいと言われたら 28

ラッピングを頼まれたら 30

みやげ屋 34

コンビニ 36

スーパーマーケット 38

ドラッグストア 42

家電量販店 44

書　店 54

コスメショップ 56

ジュエリーショップ 58

アパレルショップ 60

カフェ・ファストフード店 64

アイス・ケーキ屋 70

レストラン 74

居酒屋 86

回転寿司屋 94

目　次

ホテル・旅館 ……………………………………… 96

温　泉 ……………………………………………… 124

エステ・マッサージ ……………………………… 126

ヘアサロン ………………………………………… 134

バ　ス ……………………………………………… 138

電　車 ……………………………………………… 142

タクシー …………………………………………… 148

観光案内所 ………………………………………… 156

映　画 ……………………………………………… 166

歌舞伎 ……………………………………………… 168

相　撲 ……………………………………………… 172

美術館・博物館 …………………………………… 174

遊園地 ……………………………………………… 178

電話応対 …………………………………………… 186

病気・けが・紛失・盗難 ………………………… 192

注意・警告 ………………………………………… 198

単　語 ……………………………………………… 202

食べ物／飲み物／味／色／模様／コスメ／アクセサリー／
館内施設／生活用品／薬／季節と行事／単位

巻末付録 …………………………………………… 207

数の表現／値段の言い方／電話番号の言い方／時間の言い方／
月日の言い方／曜日の言い方

索　引 ……………………………………………… 210

本書では中国語の文字の上にピンイン（中国語のローマ字による表記法のこと），下にカタカナルビを表記しています。中国語を学んだことがある方はピンインを参考にされるかと思いますが，中国語がまったくの初心者でもそれらしく話せるように，なるべくネイティブに近い音でカタカナを付けました。

自分で覚える　　音声を繰り返し聞いて必要なフレーズを覚える。
相手に聞かせる　伝えたいフレーズの QR コードを読み込んで，
　　　　　　　　　音声を直接聞いてもらう。
相手に見せる　　伝えたいフレーズを指差して，相手に読んでもらう。

自分に合った方法でうまく活用してみてください。

ルビについて

　中国語には 4 つの声調変化「四声」があり，この音の変化によって言葉の意味合いが変化します。また，四声のほかに「軽声」というものがありますが，その名のとおり弱く短く発音します。矢印の抑揚を意識しながら発音してみてください。

例：ma ［**マー**］		
第一声 (→)	mā 妈「お母さん」	平坦にまっすぐの音
第二声 (ˊ)	má 麻「麻，しびれる」	下から上がる音
第三声 (ˇ)	mǎ 马「馬」	がっかりしたときの「あ～あ」に似た音
第四声 (ˋ)	mà 骂「罵倒する」	上から下がる音
軽声 (無印)	ma	弱く短い音

こちらでよろしいでしょうか。

Zhèige kěyǐ ma?

这个可以吗?

チェイˋ ガ クゥˊ イーˇ マ

　第 3 声が続く場合，前の第 3 声が第 2 声に変化します。カタカナは変化後の，ピンインでは変化前の表記にしてあります。

カタカナで下線が引かれた箇所は「そり舌音」です。図のように，上顎に舌をくっつけたまま発音します。このそり舌を意識して発音すればより中国語らしい話し方に近づけるでしょう。

おはようございます。

Zǎoshang hǎo.

早上好。

ザオ　シャン　ハオ

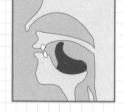

発音の種類が 400 ある中国語をカタカナ 50 音で完璧に表現することは不可能です。本気で中国語を学びたいという志をお持ちの方は，カタカナを用いて読むのではなく，ピンインでの学習をオススメいたします。実際の音声を聞きながら，発音をまねて練習してみてください。

● について

言い換え表現がある場合は ● で示しています。

食後に服用してください。／食前に服用してください。

Fàn hòu [fàn qián] fúyòng.

饭后●[饭前] 服用。

ファン　ホウ　●[ファン　チエン] フー　ヨ ン

音声について

音声は中国語のみを収録しています。聞きたいフレーズに対応する日本語の横にある QR コードを読み込んでください。

また，一括でダウンロードしたい場合は以下の URL または QR コードを読み込むと，本書の紹介ページが表示されますので，「無料音声ダウンロード」の文字をクリックして保存してください。

https://www.goken-net.co.jp/catalog/card.html?isbn=978-4-87615-357-2

001

いらっしゃいませ。

002

おはようございます。

003

こんにちは。

004

こんばんは。

005

申し訳ございません。

Huānyíng guānglín.

欢迎光临。

ファン→イン↗ グァン→リン↗

Zǎoshang hǎo.

早上好。

ザオ⌄ シャン ハオ⌄

Nǐ hǎo.

你好。

ニー↗ ハオ⌄

Wǎnshang hǎo.

晚上好。

ワン⌄シャン ハオ⌄

Duìbuqǐ.

对不起。

ドゥエイ↘ プチー⌄

3

006

大変失礼いたしました。

007

それはできかねます。

008

何かお困りですか。

009

少々お待ちください。

010

お待たせいたしました。

Bù hǎoyìsi.

不好意思。

プー↘ ハオ↘ イー→↘ ス

Zhèige bù xíng.

这个不行。

チェイ↘ ガ プー↘ シィン↗

Yǒu shénme xūyào bāngzhù de ma?

有什么需要帮助的吗?

ヨウ↘ シェン↗ マ シュィ→ ヤオ↘ パァン→ ヂュウ↘ ダ マ

Qǐng shāo děng.

请稍等。

チィン↘ シャオ→ ダァン↘

Ràng nín jiǔděng le.

让您久等了。

ラァン↘ ニン↗ ジョウ↘ ダァン↘ ラ

011 こちらでよろしいでしょうか。

012 こちらでございます。《近くを指す》

013 あちらでございます。《遠くを指す》

014 どうぞ。《パンフレットなどを渡しながら》

015 はい。

Zhèige kěyǐ ma?
这个可以吗?

チェイ ガ クゥー イー マ

Zhèli.
这里。

チゥー リ

Nàli.
那里。

ナー リ

Qǐng.
请。

チィン

Hǎo de.
好的。

ハオ ダ

016
ございます。

017
ございません。

018
かしこまりました。

019
ありがとうございます。

020
どういたしまして。

Yǒu.

有。

ヨウ

Méiyou.

没有。

メイ ヨウ

Zhīdao le.

知道了。

チー ダオ ラ

Xièxie.

谢谢。

シエ シエ

Bú yòng xiè.

不用谢。

プー ヨン シエ

021　またお越しください。

022　またのご利用をお待ちしております。

023　どうぞお気を付けて。《見送りの言葉》

024　中国語がわかりません。

025　中国語ができる者に代わります。

Huānyíng zài lái.
欢迎再来。

ファン→イン↗ ヅァイ↘ ライ↗

Děng nín zài lái.
等您再来。

ダァン↘ ニン↗ ヅァイ↘ ライ↗

Yílù xiǎoxīn.
一路小心。

イー↗ ルー↘ シャオ↘ シン→

Bù dǒng Zhōngwén.
不懂中文。

プー↘ ドォン↘ <u>ヂョォン</u>→ウェン↗

Huàn dǒng Zhōngwén de rén.
换懂中文的人。

フゥアン↘ ドォン↘ <u>ヂョォン</u>→ウェン↗ ダ <u>レン</u>↗

026

少しだけ話せます。

027

指差していただけますか。

028

ゆっくり話していただけますか。

029

もう一度おっしゃっていただけますか。

030

書いていただけますか。

🔊 **006**

Kěyǐ shuō yìdiǎn.

可以说一点。

クゥー↗ イー↘ シュオー→ イー↘ ディエン↘

Kěyǐ zhǐ yíxià ma?

可以指一下吗？

クゥー↗ イー↘ ヂー↘ イー↗ シア↘ マ

Qǐng shuō màn yìdiǎn.

请说慢一点。

チン↘ シュオー→ マン↘ イー↘ ディエン↘

Qǐng zài shuō yíbiàn.

请再说一遍。

チン↘ ヅァイ↘ シュオー→ イー↗ ビエン↘

Kěyǐ xiěxialai ma?

可以写下来吗？

クゥー↗ イー↘ シエ↘ シアライ マ

13

031 代金はこちらです。《数字を指差しながら》

032 税込み価格です。

033 税金は含まれておりません。

034 おつりです。

035 10円不足しております。

Jīn'é zài zhèli.
金额在这里。

ジィン→ウー↗ ヅァイ↘ ヂゥー↘リ

Shì hán shuì jià.
是含税价。

シー↘ ハン↗ シュエイ↘ ジィア↘

Méiyou hán shuì.
没有含税。

メイ↗ヨウ ハン↗ シュエイ↘

Zhǎo líng.
找零。

ヂャオ↘ リィン↗

Shí rìyuán bùzú.
10 日元不足。

シー↗ リィー↘ユェン↗ プー↘ヅー↗

15

036

恐れ入りますが小銭はございますか。

037

カードをお預かりします。

《クレジットカードでお支払い》

038

お支払いは分割にされますか。

039

暗証番号を入力してください。

040

こちらにご署名をお願いいたします。

Bù hǎoyìsi, yǒu língqián ma?
不好意思，有零钱吗？

プー ハオ イー ス　ヨウ リィン チエン マ

Qǐng shūakǎ.
请刷卡。

チン シュアー カー

fēn jǐcì fùkuǎn?
分几次付款？

フェン ジィー ツゥ フゥ クゥアン

Qǐng shūrù mìmǎ.
请输入密码。

チィン シュウ ルー ミー マー

Qǐng zài zhèli qiānzì.
请在这里签字。

チィン ヅァイ ヂゥー リ チエン ヅー

041 こちらのカードはご使用になれません。

042 カードの有効期限が切れております。

043 カード会社にお問い合わせください。

044 こちらにタッチしてください。
《電子マネーでお支払い》

045 もう一度タッチをお願いします。

Zhèi zhāng kǎ bù néng yòng.
这张卡不能用。

<u>ヂェイ</u>↘ <u>ヂャン</u>→ カー↘ プー↘ ナァン↗ ヨォン↘

Kǎ de yǒuxiàoqī guò le.
卡的有效期过了。

カー↘ ダ ヨウ↘ シャオ↘チー→ グオ↘ ラ

Qǐng zīxún xìnyòngkǎ gōngsī.
请咨询信用卡公司。

チィン↘ ヅー→シュィン↗
シン↘ ヨォン↘カー↘ コォン→スー→

Qǐng àn zhèli.
请按这里。

チィン↘ アン↘ <u>ヂゥー</u>↘リ

Qǐng zài àn yí cì.
请再按一次。

チィン↘ ヅァイ↘ アン↘ イー↗ ツー↘

046
残高が不足しております。

047
残りは現金でのお支払いですか。

048
領収書でございます。

049
(領収書の) 宛名はどうなさいますか。

050
クレジットカードは使えません。

Yú'é bùzú.

余额不足。

ユィー↗ ウー↗ プー↘ ヅー↗

Yú'é yòng xiànjīn zhīfù ma?

余额用现金支付吗?

ユィー↗ ウー↗ ヨォン↘ シエン↘ ジィン→ ヂー→ フー↘ マ

Zhè shì fāpiào.

这是发票。

ヂゥー↘ シー↘ ファー→ ピァオ↘

Shōujiànrén zěnme xiě.

收件人怎么写?

ショウ→ ジエン↘ レン↗ ヅェン∨ マ シエ∨

Bù néng yòng xìnyòngkǎ.

不能用信用卡。

プー↘ ナァン↗ ヨォン↘ シン↘ ヨォン↘ カー∨

21

051
ポイントカードはお作りしますか。

 052
100 円お買い上げごとに 1 ポイント
貯まります。

 053
無料でお作りできます。

 054
有効期限はこちらに記載してあります。

 055
ポイントをお使いになりますか。

Xūyào zuò jīfēnkǎ ma?
需要做积分卡吗?

シュィ→ ヤオ↘ ヅオ↘ ジィー→フェン→カー↘ マ

Mǎi yìbǎi rìyuán jiù néng dédào yí ge jīfēn.
买 100 日元就能得到一个积分。

マイ↘ イー↘バイ↘ リィー↘ユエン↗ ジョウ↘ ナァン↗
ドゥー↗タオ↘ イー→ カ ジィー→フェン→

Kěyǐ miǎnfèi zuò.
可以免费做。

クゥー↗イー↗ ミェン↘フェイ↘ ヅオ↘

Zhèli shì yǒu xiàoqī.
这里是有效期。

ヂゥー↘リ シー↘ ヨウ↗ シャオ↘チー→

Yào yòng jīfēn ma?
要用积分吗?

ヤオ↘ ヨゥン↘ ジィー→フェン→ マ

23

056

免税なさいますか。

057

パスポートをお持ちですか。

058

パスポートをお借りいたします。

059

こちらは対象外です。

060

免税するのに金額が足りません。

Xūyào miǎnshuì ma?

需要免税吗？

シュィ→ ヤオ↘ ミエン↘ シュエイ↘ マ

Dài hùzhào le ma?

带护照了吗？

タイ↘ フー↘ チャオ↘ ラ マ

Kěyǐ gěi wǒ yíxià hùzhào ma?

可以给我一下护照吗？

クゥー↗ イー↘ ゲイ↗ ウオ↘ イー↗ シア↘
フー↘ チャオ↘ マ

Zhè bú zài fànwéi nèi.

这不在范围内。

チゥー↘ プー↗ ヅァイ↘ ファン↘ウェイ↗ ネイ↘

Hái bú dào kěyǐ miǎnshuì de jīn'é.

还不到可以免税的金额。

ハイ↗ プー↗ タオ↘ クゥー↗ イー↘ ミエン↘ シュエイ↘
ダ ジィン→ウー↗

061 こちらでは両替できません。

062 すべて 100 円でよろしいですか。

063 ただいま小銭が不足しております。

064 元から円の両替でよろしいですか。

065 いくら両替なさいますか。

Zhèli bù kěyǐ duìhuàn.

这里不可以兑换。

ヂゥー リ プー クゥー イー ドゥエイ フゥアン

Suǒyǒu dōu shì yìbǎi rìyuán ma?

所有都是 100 日元吗？

スオ ヨウ ドゥ シー
イー バイ リィー ユエン マ

Xiànzài língqián búgòu.

现在零钱不够。

シエン ヅァイ リィン チエン プー ゴウ

Yòng rénmínbì duìhuàn rìyuán ma?

用人民币兑换日元吗？

ヨォン レン ミン ピー ドゥエイ フゥアン
リィー ユエン マ

Duìhuàn duōshao qián.

兑换多少钱。

ドゥエイ フゥアン ドゥオ シャオ チエン

27

066 領収書はお持ちですか。

067 こちらの商品は返品できません。

068 開封済みの商品は交換できません。

069 どういった不備がございましたか。

070 すぐに交換いたします。

Yǒu fāpiào ma?

有发票吗？

ヨウ⌄ ファー→ ピァオ⌄ マ

Zhèige shāngpǐn bù néng tuìhuàn.

这个商品不能退换。

チェイ⌄ ガ シャン→ ピン⌄
プー↘ ナァン↗ トゥエイ↘ フゥアン↘

Kāi fēng hòu de shāngpǐn bù néng tuìhuàn.

开封后的商品不能退换。

カイ→ フォン→ ホウ↘ ダ シャン→ ピン⌄
プー↘ ナァン↗ トゥエイ↘ フゥアン↘

Yǒu shénme wèntí ma?

有什么问题吗？

ヨウ⌄ シェン↗ マ ウエン↘ ティー↗ マ

Mǎshàng jìnxíng jiāohuàn.

马上进行交换。

マー⌄ シャン↘ ジン↘ シィン↗ ジィアオ→ フゥアン↘

 071
サービスカウンターでレシートを
ご提示ください。

 072
リボンはどちらになさいますか。

 073
包装紙はどちらになさいますか。

 074
無料でラッピングいたします。

 075
箱は有料になります。

Qǐng xiàng kèfú tái chūshì shōuyíntiáo.
请向客服台出示收银条。

チィン **シアン** **クゥー** **フー** **タイ** **チュウ** **シー**
ショウ **イン** **ティアオ**

Yòng něizhǒng cǎidài ne?
用哪种彩带呢?

ヨォン **ネイ** **ヂョォン** **ツァイ** **ダイ** **ナ**

Yòng nǎzhǒng bāozhuāngzhǐ ne?
用哪种包装纸呢?

ヨォン **ネイ** **ヂョォン** **パオ** **ヂュアン** **ディー** **ナ**

Bāozhuāng miǎnfèi.
包装免费。

パオ **ヂュアン** **ミエン** **フェイ**

Hézi shōufèi.
盒子收费。

フゥー **ヅ** **ショウ** **フェイ**

076 お時間が 5 分ほどかかります。

077 出来上がりましたらお持ちします。

078 店内をご覧になってお待ちください。

079 23 番でお待ちのお客様！

080 小分けの袋をお入れしておきます。

Shíjiān hái xū wǔfēn zhōng.

时间还需 5 分钟。

シー↗ ジエン→ ハイ↗ シュィ→ ウー˅ フェン→ ヂョォン→

Zuòhǎo le mǎshàng gěi nín.

做好了马上给您。

ヅオ↘ ハオ˅ ラ マー→ シャン↘ ゲイ˅ ニン↗

Qǐng nín zài diànnèi shāo zuò děnghòu.

请您在店内稍作等候。

チィン˅ ニン↗ ヅァイ↗ ティエン↘ネイ↘
シャオ→ ズオ↘ ダァン˅ホウ↘

Èrshisān hào.

23 号。

アール↘ シサン→ ハオ↘

Xūyào fēn xiǎobāozhuāng fàngjìnqu ma?

需要分小包装放进去吗？

シュィ→ヤオ↘ フェン→ シャオ˅パオ→ヂュアン→
ファーン↘ジン↘チュィ マ

33

081 よろしければご試食してみてください。

082 賞味期限はこちらに記載されています。

083 こちらは保存がききません。

084 お早めにお召し上がりください。

085 一番人気のおみやげです。

Yào shì chī ma?
要试吃吗?

ヤオ↘ シー↘ チー→ マ

Zhèli shì shípǐn bǎozhìqī.
这里是食品保质期。

ヂゥー↘ リ シー↘ シー↗ ピン↗ パァオ↘ ヂー↘ チー→

Zhèige bù néng cúnfàng.
这个不能存放。

ヂェイ↘ ガ プー↘ ナァン↗ ツゥン↗ ファン↘

Qǐng jǐnzǎo chī.
请尽早吃。

チン↘ ジィン↗ ザオ↘ チー→

Zhè shì zuì yǒumíng de tǔchǎn.
这是最有名的土产。

ヂゥー↘ シー↘ ヅイ↘ ヨウ↘ ミィン↗ ダ トゥ↗ チャン↘

35

086 こちら温めますか。

087 温め終わるまで少々お待ちください。

088 箸はご入り用ですか。

089 スプーンはご入り用ですか。

090 いくつお付けしますか。

Xūyào rè yíxià ma?
需要热一下吗？

シュィ↗ ヤオ↘ <u>ルゥー</u>↘ イー↗ シア↘ マ

Rèhǎo yǐqián qǐng shāo děng.
热好以前请稍等。

<u>ルゥー</u>↘ ハオ↗ イー↘ チエン↗ チィン↘ <u>シャオ</u>→ ダァン↘

Yào kuàizi ma?
要筷子吗？

ヤオ↘ クアイ↘ ヅ マ

Yào sháo ma?
要勺吗？

ヤオ↘ <u>シャオ</u>↗ マ

Yào duōshao?
要多少？

ヤオ↘ ドゥオ→ <u>シャオ</u>

091 カゴをお使いください。

092 カートはこちらにございます。

093 お 1 人様 1 個までです。

094 2 個ご購入でさらにお安くなります。

095 袋にお入れしますか。

Qǐng yòng gòuwùlán.
请用购物篮。

チィン ヨォン ゴウ ウー ラン

Gòuwùchē zài zhèli.
购物车在这里。

ゴウ ウー チゥー ヅァイ チゥー リ

Yí ge rén jǐnxiàn yí ge.
一个人仅限一个。

イー ガ レン ジン シエン イー ガ

Mǎi liǎng ge gèng piányi.
买 2 个更便宜。

マイ リァン ガ グゥン ピエン イ

Yào fàngdào dàizi lǐmiàn ma?
要放到袋子里面吗？

ヤオ ファン タオ タイ ヅ リー ミエン マ

096

袋は有料になります。

097

恐れ入ります。

《袋はなしでいいと言われたら》

098

ご購入の印としてテープを貼らせて
いただきます。

099

駐車券はお持ちですか。

100

お探しいたしますので少々お待ちくだ
さい。

Dàizi shì shōufèi de.

袋子是收费的。

タイ↗ ヅ シー→ ショウ→フェイ↗ ダ

Bù hǎoyìsi.

不好意思。

プー↘ ハオ↘イー↘ス

Bāng nín tiēshang yǐ mǎi de biāoqiān.

帮您贴上已买的标签。

パアン→ ニン↗ ティエ→シャン
イー↗ マイ↘ ダ ビヤオ→チエン→

Nín yǒu tíngchēquàn ma?

您有停车券吗?

ニン↗ ヨウ↘ ティン↗チゥー→チュエン↘ マ

Wǒ zhǎo yíxià, qǐng shāo děng.

我找一下，请稍等。

ウオ↗ ヂャオ↘ イー↗シア↘ チィン↘ シャオ→ ダアン↘

41

101 アレルギーはお持ちですか。

102 大人は一日2錠服用してください。

103 食後に服用してください。

517 食前に服用してください。

104 副作用で眠くなります。

105 こちらは粉薬でございます。

Nín yǒu guòmǐn ma?
您有过敏吗？

ニン↗ ヨウ↘ グオ→ ミン↗ マ↘

Chéngrén yì tiān fúyòng liǎng kē.
成人一天服用２颗。

チァン↗ レン↗ イー↘ ティエン→ フー↗ ヨォン↘
リアン↘ クゥー→

Fàn hòu [fàn qián] fúyòng.
饭后●[饭前] 服用。

ファン↘ ホウ↘ ●[ファン↘ チエン↗] フー↗ ヨォン↘

Fùzuòyòng shì huì kùn.
副作用是会困。

フー↘ ヅオ↘ ヨォン↘ シー↘ フゥエイ↗ クェン↘

Zhè shì yàofěn.
这是药粉。

ヂゥー↘ シー↘ ヤオ↘ フェン↘

106
何かお探しですか。

107
メーカーはどちらをご希望ですか。

108
ご予算はどれくらいをお考えですか。

109
こちらをおすすめします。

110
新製品はこちらです。

Nín zài zhǎo shénme ma?

您在找什么吗?

ニン↗ ヅァイ↘ ヂャオ↘ シェン↗ マ マ

Nín yào něige chǎngshāng de.

您要哪个厂商的。

ニン↗ ヤオ↘ ネイ↘ ガ チャン↘ シャン→ ダ

Yùsuàn shì duōshao?

预算是多少？

ユィー↘ スァン↘ シー↘ ドゥオ→シャオ

Wǒ tuījiàn zhèige.

我推荐这个。

ウォ↘ トゥエイ→ジエン↘ ヂェイ↘ ガ

Zhèige shì xīn shāngpǐn.

这个是新商品。

ヂェイ↘ ガ シー↘ シン→ シャン→ピン↘

111

 日本製です。

112

 こちらは展示品です。

113

ご使用には変圧器が必要です。

114

担当者を呼んでまいります。

115

 在庫を確認してまいります。

Rìběn zhìzào.

日本制造。

リィー↘ ベン↘ ヂー↘ ヅァオ↘

Zhè shì zhǎnshìpǐn.

这是展示品。

ヂゥー↘ シー↘ ヂャン↘ シー↘ ピン↘

Yòng de shíhou xūyào biànyāqì.

用的时候需要变压器。

ヨォン↘ ダ シー↘ ホウ シュィ→ ヤオ↘ ピェン↘ ヤー→ チー↘

Mǎshàng jiào fùzérén guòlai.

马上叫负责人过来。

マー↘ シャン↘ ジアオ↘ フー↘ ヅゥー↗ レン↗ グオ↘ ライ

Quèrèn kùcún.

确认库存。

チュエ↘ レン↘ クー↘ ツゥン↗

47

116

持ち手をお付けします。

117

（お持しますので）お車でお待ちください。

118

国内配送のみになります。

119

こちらはセール対象外です。

120

１年保証が無料で付きます。

Zhuāngshang le bǎshou.
装上了把手。

ヂュアン→シャン ラ バー⌵ショウ

Qǐng zài chēli děng.
请在车里等。

チィン⌵ ヅァイ↘ チゥー→リ ダァン⌵

Zhǐ zài Rìběn guónèi yóu sòng.
只在日本国内邮送。

ヂー⌵ ヅァイ↘ リィー→↘ベン⌵ グオ↗ネイ↘ ヨウ↗ ソォン↘

Zhèige bù dǎzhé.
这个不打折。

ヂェイ↘ガ プー↘ ダー⌵ヂゥー↗

Yì nián miǎnfèi bǎoxiū.
一年免费保修。

イー↘ ニエン↗ ミエン⌵フェイ↘ パァオ⌵シォウ→

121
オプションで保証期間が延長できます。

122
保証書は大切に保管してください。

123
電池は別売りなのでご注意ください。

124
もっと値引きいたしますよ。

125
これ以上は値引きできません。

Kěyǐ xuǎnzé jiācháng bǎoxiū shíjiān.
可以选择加长保修时间。

クゥー イー シュエン ヅゥー ジィア チャン
バオ シォウ シー ジエン

Qǐng bǎocúnhǎo bǎoxiūdān.
请保存好保修单。

チィン パァオ ツゥン ハオ バオ シォウ タン

Diànchí xūyào lìngwài gòumǎi.
电池需要另外购买。

ディエン チー シュィ ヤオ リィン ワイ
ゴウ マイ

Kěyǐ gèng piányi.
可以更便宜。

クゥー イー グゥン ピエン イ

Bù néng zài piányi le.
不能再便宜了。

プー ナァン ザイ ピエン イ ラ

126 値引き後の価格になります。

127 在庫切れでございます。

128 お取り寄せいたしますか。

129 1週間ほどかかりますがよろしいですか。

130 来月入荷予定です。

Zhè shì zhé hòu jià.

这是折后价。

ヂゥー↘ シー↘ ヂゥー↗ ホウ↘ ジィア↘

Méiyou kùcún le.

没有库存了。

メイ↗ ヨウ クー↘ ツゥン↗ ラ

Xūyào dìnggòu ma?

需要订购吗？

シュィ→ ヤオ↘ ディン↘ゴウ↘ マ

Xūyào yì zhōu shíjiān kěyǐ ma?

需要一周时间可以吗？

シュィ→ ヤオ↘ イー↘ ヂョウ→ シー↗ ジエン→
クゥー↗ イー↘ マ

Xiàgeyuè huì dàohuò.

下个月会到货。

シア↘ ガユエ↘ フゥエイ↘ タオ↘フォ↘

131 本にカバーはお付けしますか。

132 カバーの種類をお選びください。

133 こちらで書籍を検索できます。

134 新刊売り場はこちらです。

135 まだ発売しておりません。

Xūyào jiā fēngpí ma?

需要加封皮吗?

シュィ→ ヤオ↘ ジィア→ フォン→ピー↗ マ

Qǐng xuǎnzé fēngpí de zhǒnglèi.

请选择封皮的种类。

チィン↗ シュエン↘ヅゥー↗ フォン→ピー↘ ダ
ヂョォン↘レイ↘

Kěyǐ zài zhè shàngmiàn jiǎnsuǒ shūjí.

可以在这上面检索书籍。

クゥー↗ イー↘ ヅァイ↘ ヂョー↘ シャン↘ミエン↘
ジエン↗スオ↘ シュゥ→ジー↗

Xīn shū shòumài zài zhèli.

新书售卖在这里。

シン→ シュゥ→ ショウ↘マイ↘ ヅァイ↘ ヂゥー↘リ

Hái méiyou fāshòu.

还没有发售。

ハイ↗ メイ↗ヨウ ファー→ショウ↘

136
どちらのブランドをお探しですか。

137
当店では取り扱っておりません。

138
流行のコスメです。

139
お試しになりますか。

140
乾燥肌用はこちらです。

518 ●敏感肌用はこちらです。

Nín zài zhǎo shénme pǐnpái.
您在找什么品牌。

ニン↗ ヅァイ↘ チャオ↘ シェン↗マ ピン↘パイ↗

Wǒmen diànli méiyou.
我们店里没有。

ウオー↘メン ティエン↘リ メイ↗ヨウ

Liúxíng de měiróngpǐn.
流行的美容品。

リォウ↗ シィン↗ ダ メイ↘ロォン↗ピン↘

Yào shì yíxià ma?
要试一下吗?

ヤオ↘ シー↘ イー↗シア↘ マ

Zhè shì gānzào [mǐngǎn] pífū yòng de.
这是干●[敏感] 皮肤用的。

チゥー↘ シー↘ カン→ヅァオ↘●[ミィン↗ガン↘]
ピー↗フー→ ヨォン↘ ダ

57

141
指輪のサイズは何号ですか。

142
指輪のサイズをお測りしましょうか。

143
こちらとペアになっております。

144
チェーンの長さは調整可能です。

145
よくお似合いですね。

Shǒuzhǐ de chǐcun shì duōshao?
手指的尺寸是多少？

ショウ↗ ヂー‾ ダ チー‾ ツゥン シー‾ ドゥオ→シャオ

Yào liáng yíxià shǒuzhǐ de chǐcun ma?
要量一下手指的尺寸吗？

ヤオ↘ リァン↗ イー↗ シア↘ ショウ↗ ヂー‾ ダ
チー‾ ツゥン マ

Zhèige shì yí duì de.
这个是一对的。

ヂェイ↘ ガ シー↘ イー↗ ドゥエイ↘ ダ

Liàntiáo de chángduǎn kěyǐ tiáozhěng.
链条的长短可以调整。

リエン↘ ティアオ↗ ダ チャン↗ドゥアン↘ クゥー↗イー↘
ティアオ↗ヂァン↘

Fēicháng héshì nín.
非常合适您。

フェイ→チャン↗ フー↗シー↘ ニン↗

59

146 色違いをお持ちしましょうか。

147 S, M, L, LL サイズがございます。

148 こちらはフリーサイズです。

149 S サイズはただいま売り切れです。

150 ご試着なさいますか。

030

Yào ná bù yíyàng yánsè de guòlai ma?

要拿不一样颜色的过来吗?

ヤオ↘ ナー↗ プー↘ イー↗ヤン↘ イエン↗スゥー↘ ダ
グオ↘ライ マ

Yǒu s, m, l, ll chǐcun.

有 S, M, L, LL 尺寸。

ヨウ⌄ エス エム エル エルエル チー⌄ツゥン

Zhè shì tǒngyī xínghào.

这是统一型号。

ヂゥー↘ シー↘ トォン⌄イー→ シィン↗ハオ↘

S hào yǐjīng màiguāng le.

S 号已经卖光了。

エス ハオ↘ イー⌄ジン→ マイ↘グァン→ ラ

Xūyào shìchuān ma?

需要试穿吗?

シュィ→ヤオ↘ シー↘チュアン→ マ

151 こちらはご試着になれません。

152 フエイスカバーをお使いください。

153 ご使用方法はわかりますか。

154 ワンサイズ上のものをお持ちします。

 519 ● ワンサイズ下のものをお持ちします。

155 鏡はこちらです。

031

Zhèige bù néng shìchuān.

这个不能试穿。

チェイ ガ プー ナァン シー チュアン

Qǐng shǐyòng tóutào.

请使用头套。

チィン シー ヨォン トウ タオ

Nín zhīdao zěnme yòng ma?

您知道怎么用吗?

ニン ヂー ダオ ヅェン マ ヨォン マ

Wǒ ná dà[xiǎo] yí hào de lái.

我拿大●[小] 一号的来。

ウオ ナー ター ●[シャオ] イー ハオ ダ ライ

Zhèli shì jìngzi.

这里是镜子。

ヂゥー リ シー ジィン ヅ

63

156 こちらでお召し上がりですか。

157 お持ち帰りですか。

158 お飲み物は何になさいますか。

159 ホットとアイスどちらになさいますか。

160 サイドメニューをお選びください。

Zài diànli chī ma?
在店里吃吗?

ヅァイ ティエン リ チー マ

Dàihuí jiā ma?
带回家吗?

タイ フゥエイ ジィア マ

Yǐnliào yào shénme?
饮料要什么?

イン リァオ ヤオ シェン マ

Rèyǐn hé lěngyǐn nín xūyào nǎzhǒng.
热饮和冷饮您需要哪种。

ルゥー イン フゥー ラァン イン
ニン シュィ ヤオ ナー ヂョオン

Qǐng xuǎnzé qítā xiǎocài.
请选择其他小菜。

チィン シュエン ヅゥー チー ター シャオ ツァイ

161
サイズはいかがなさいますか。

162
セットがお得です。

163
こちらのクーポンはお使いいただけません。

164
出来上がりましたらお席までお持ちします。

165
こちらの番号札をお持ちください。

Yào duō dà?
要多大？

ヤオ↘ トゥオ→ ター↘

Mǎi tàocān huì gèng huásuàn.
买套餐会更划算。

マイ↘ タオ↘ ツァン→ フゥエイ↘ グゥン↘ フゥア↗スァン↘

Zhèige yōuhuìquàn bù néng yòng.
这个优惠券不能用。

チェイ↘ ガ ヨウ→フゥエイ↘チュエン↘
プー↘ ナァン↗ ヨォン↘

Zuòhǎo yǐhòu bāng nín náguòqu.
做好以后帮您拿过去。

ヅオ↘ハオ↘ イー↘ ホウ↘
パァン→ ニン↗ ナー→グオ↘チュィ

Qǐng náhǎo zhèige shùzi pái.
请拿好这个数字牌。

チィン↘ ナー↗ ハオ↘ チェイ↘ ガ シュウ↘ヅ パイ↗

67

166 先にお席の確保をお願いします。

 167 レモンかミルクはお付けしますか。

 168 砂糖はおいくつお付けしますか。

 169 こちらで片付けますので置いておいて
ください。

 170 恐れ入りますが，一列に並んでお待ち
ください。

034

Qǐng xiān zhǎo hǎo wèizi.
请先找好位子。

チィン˅ シエン→ <u>ヂァオ</u>⤴ ハオ˅ ウェイ➚ヅ

Xūyào níngméng huò niúnǎi ma?
需要柠檬或牛奶吗?

シュィ→ヤオ➘ ニィン⤴マァン⤴ フオ➘ ニォウ⤴ナイ˅ マ

Shātáng yào jǐ kuài?
砂糖要几块?

<u>シャー</u>→ タン⤴ ヤオ➘ ジィー˅ クァイ➘

Zhèibiān huìdǎsǎo de, nín fàngzhe ba.
这边会打扫的，您放着吧。

<u>ヂェイ</u>➘ビエン→ フゥエイ➘ダー⤴サオ˅ ダ
ニン⤴ ファン➘<u>ヂゥ</u> バ

Bù hǎoyìsi, qǐng pái chéng yì pái.
不好意思，请排成一排。

プー➘ ハオ˅イー➘ス
チィン˅ パイ⤴ <u>チァン</u>⤴ イー➘ パイ⤴

171 コーンとカップどちらになさいますか。

172 アイスをお選びください。

173 キャンドルはお付けしますか。

174 何本お付けしますか。

175 プレートにお名前をお入れできます。

035

Yào zhǐ bēi háishi yào dànjuǎn?

要纸杯还是要蛋卷?

ヤオ↘ ヂー↗ ペイ→ ハイ↗ シ ヤオ↘ タン↘ ジュエン↘

Qǐng xuǎnzé nín yào de bīngqílín.

请选择您要的冰淇淋。

チィン↗ シュエン↘ヅゥー↗ ニン↗ ヤオ↘ ダ

ビィン→チイ↗リン↗

Xūyào làzhú ma?

需要蜡烛吗?

シュィ→ヤオ↘ ラー↘ジュウ↗ マ

Yào jǐ gēn?

要几根?

ヤオ↘ ジィー↘ ゲン→

Xūyào xiě míngzi zài kǎpái shàngmiàn ma?

需要写名字在卡牌上面吗?

シュィ→ヤオ↘ シエ↘ ミィン↗ヅ ヅァイ↘ カー↘パイ↗

シャン↘ミェン↘ マ

176 **お持ち帰りのお時間はどれくらいですか。**

177 **ドライアイスが入っておりますので,**
お気を付けください。

178 **ケーキのご確認をお願いします。**

179 **出来上がりましたらお呼びします。**

180 **ここだけの限定品です。**

036

Dàihuí jiā dàgài yào duōshao shíjiān?

带回家大概要多少时间?

タイ↘ フゥエイ↗ ジア→

ター↘ ガイ↘ ヤオ↘ ドゥオ→シャオ シー↗ ジエン→

Lǐmiàn fàng le gānbīng, qǐng xiǎoxīn.

里面放了干冰,请小心。

リー↘ ミエン↘ ファン↘ ラ ガン→ピィン→

チィン↗ シャオ↘ シン→

Hé nín quèrèn yíxià nín diǎn de dàngāo.

和您确认一下您点的蛋糕。

フゥー↗ ニン↗ チュエ↘レン↘ イー↗シア↘

ニン↗ ディエン↗ ダ ダン↘ガオ→

Zuòhǎo yǐhòu zài jiào nín.

做好以后再叫您。

ヅオ↘ ハオ↗ イー↘ホウ↘ ヅァイ↘ ジァオ↘ ニン↗

Zhè shì zhèli de xiàndìngpǐn.

这是这里的限定品。

ヂゥー↘ シー↘ ヂゥー↘リ ダ シエン↘ティン↘ピン↗

73

181 何名様でしょうか。

182 混雑のため，30 分ほどお待ちいただきますがよろしいですか。

183 本日はご予約のお客様のみとなっております。

184 おタバコは吸われますか。

185 当店は全席禁煙でございます。

Jǐ wèi?

几位?

ジィー˅ ウェイ↘

Xiànzài quán mǎn le, qǐng shāoděng sānshí fēnzhōng kěyǐ ma?

现在全满了，请稍等 30 分钟可以吗？

シエン↘ ヅァイ↘ チュエン↗ マン˅ ラ　チィン˅ シャオ→ダァン↘
サン→ シー↗ フェン→ヂョォン→ クゥー↗イー˅ マ

Jīntiān zhǐ jiēshòu yùyuē de kèrén.

今天只接受预约的客人。

ジン→ティエン→ ヂー˅ ジエ→ショウ↘ ユィ↘ユエ→ ダ
クゥー↘レン↗

Nín chōuyān ma?

您抽烟吗？

ニン↗ チョウ→イエン→ マ

Běndiàn jìnyān.

本店禁烟。

ベン˅ティエン↘ ジィン↘イエン→

186
お席にご案内いたします。

187
ご用の際はこちらのボタンを押してください。

188
お決まりでしたらお伺いします。

189
ランチメニューは11時からです。

190
パンとライスどちらになさいますか。

Qǐng gēn wǒ zǒu.

请跟我走。

チィン⌄ ゲン→ ウオ⌄ ヅォウ⌄

Rú yǒu xūyào qǐng àn zhèige ànniǔ.

如有需要请按这个按钮。

ルー→ ヨウ⌄ シュィ→ヤオ⌄

チィン⌄ アン⌄ チェイ⌄ ガ アン⌄ニォウ⌄

Rú quèdìng diǎn dān qǐng jiào wǒ.

如确定点单请叫我。

ルー→ チュエ⌄ディン⌄ ディエン⌄ タン→

チィン⌄ ジァオ⌄ ウオ⌄

Zhōngwǔ tàocān cóng shíyī diǎn kāishǐ.

中午套餐从 11 点开始。

ヂョォン→ウー⌄ タオ⌄ツァン→

ツォン⌄ シー⌄ イー→ ディエン⌄ カイ→シー⌄

Nín kěyǐ xuǎnzé miànbāo huò mǐfàn.

您可以选择面包或米饭。

ニン⌄ クゥー⌄イー→ シュエン⌄ヅゥー⌄ ミエン⌄パオ→

フォ⌄ ミー⌄ファン⌄

191
ランチメニューはサラダとスープ付き
です。

192
こちらは平日限定のメニューでござい
ます。

193
こちらは季節限定のメニューです。

194
コースは 2 名様より承ります。

195
ご注文を確認いたします。

Zhōngwǔ tàocān fùsòng shēngcài shālā hé tāng.

中午套餐附送生菜沙拉和汤。

ヂョォン→ ウー⌵ タオ＼ツァン→ フー＼ソォン→
シェン→ツァイ＼ シャー→ラー→ フゥー⤴ タァン→

Zhè shì chú le zhōumò yǐwài tígòng de càidān.

这是除了周末以外提供的菜单。

ヂゥー＼ シー＼ チュウ⤴ ラ ヂョウ→モー＼ イー⌵ワイ＼
ティー⤴ゴォン＼ ダ ツァイ＼タン→

Zhè shì jìjié xiàndìng de càidān.

这是季节限定的菜单。

ヂゥー＼ シー＼ ジー＼ジエ⤴ シエン＼ティン＼ ダ
ツァイ＼タン→

Zhèi zhǒng tàocān xūyào liǎng wèi yǐshàng cái kěyǐ tígòng.

这种套餐需要 2 位以上才可以提供。

ヂェイ＼ ヂョォン⌵ タオ＼ツァン→ シュィ→ヤオ＼ リァン⌵ ウェイ＼
イー⌵シャン＼ ツァイ⤴ クゥー⤴イー⌵ ティー⤴ゴォン＼

Quèrèn nín de diǎn dān.

确认您的点单。

チュエ＼レン＼ ニン⤴ ダ ディエン⌵ タン→

196 ご注文は以上でしょうか。

197 出来上がりまで少々お待ちください。

198 スープ，ドリンクはあちらです。

199 セルフサービスとなっております。

200 ドリンクバーはお付けしますか。

Nín háiyǒu bié de yàodiǎn de ma?

您还有别的要点的吗？

ニン↗ ハイ↗ ヨウ↘ ビエ↗ ダ ヤオ↘ディエン↘ ダ マ

Zuòhǎo jiù wèi nín nálai, qǐng shāo děng.

做好就为您拿来，请稍等。

ヅオ↘ハオ↘ ジォウ↘ ウエイ↘ ニン↗ ナー↗ライ

チン↘ シャオ→ ダァン↘

Tāng hé yǐnliào zài nèibiān.

汤和饮料在那边。

タァン→ フゥー↗ イン↘リァオ↘ ヅァイ↘ ネイ↘ビエン→

Qǐng zìjǐ qù ná.

请自己去拿。

チン↘ ヅー↘ジー↘ チュィ↘ ナー↗

Xūyào jiā chàngyǐn ma?

需要加畅饮吗？

シュィ→ヤオ↘ ジィア→ チャン↘イン↘ マ

201

熱いので気を付けてお召し上がりください。

202

トイレはこちらです。

203

トイレは店内ではなく外にございます。

204

こちらお下げしてもよろしいですか。

205

コーヒーのおかわりはいかがですか。

Xiǎoxīn tàng.
小心烫。

シャオ˅ シン→ タァン˅

Zhèibián shì xǐshǒujiān.
这边是洗手间。

チェイ˅ ビエン→ シー˅ シー˅ ショウ˅ ジエン→

Xǐshǒujiān zài wàimiàn.
洗手间在外面。

シー˅ ショウ˅ ジエン→ ヅァイ˅ ワイ˅ ミエン˅

Kěyǐ chèdiào zhèixiē ma?
可以撤掉这些吗？

クゥー˅ イー˅ チゥー˅ ディアオ˅ チェイ˅ シエ→ マ

Xūyào xù bēi de kāfēi ma?
需要续杯的咖啡吗？

シュィ→ ヤオ˅ シュィ˅ ベイ→ ダ カー→ フェイ→ マ

206 ラストオーダーです。

 207 お会計は別々になさいますか。

 208 次回ご利用いただけるクーポン券でございます。

 209 制限時間は 90 分です。《食べ放題》

 210 お飲み物は別料金です。

Zuìhòu de diǎn dān shíjiān.

最后的点单时间。

ヅェイ↘ホウ↘ ダ ディエン∨ タン→ シー↗ジエン→

Shì fēnbié mǎidān ma?

是分别买单吗?

シー↘ フェン→ビエ↗ マイ∨タン→ マ

Zhè shì xiàcì kěyǐ yòng de yōuhuìquàn.

这是下次可以用的优惠券。

ヂゥー↘ シー↘ シア↘ツー↘ クゥー↗イー∨ ヨォン↘ ダ
ヨウ→フゥエイ↘チュエン↘

Xiànshí jiǔshí fēnzhōng.

限时 90 分钟。

シエン↘シー↗ ジォウ∨シー↗ フェン→ヂョォン→

Yǐnliào lìngwài suàn qián.

饮料另外算钱。

イン∨リァオ↘ リィン↘ワイ↘ スァン↘ チエン↗

211 あいにく個室は空い--ておりません。

212 お座敷と椅子席どちらがよろしいですか。

213 カウンターでもよろしいですか。

214 相席になりますがよろしいですか。

215 日本酒は辛口と甘口がございます。

Bù hǎoyìsi, méiyou bāoxiāng le.

不好意思，没有包厢了。

プー↘ ハオ˅イー↘ス　メイ↗ヨウ パオ→シアン→ ラ

Héshì hé yǐzi qǐngwèn nín xuǎn něi zhǒng?

和式和椅子请问您选哪种?

フゥー→ シー↘ フゥー↗ イー↗ ヅ チィン˅ウエン↘
ニン↗ シュェン˅ ネイ↗ ヂョォン˅

Bātái yě kěyǐ ma?

吧台也可以吗?

パー→タイ↗ イエ˅ クゥー↗イー↘ マ

Kěyǐ pīn zhuō ma?

可以拼桌吗?

クゥー↗イー˅ ピン→ ヂュオー→ マ

Rìběnjiǔ yǒu wēi là hé wēi tián de.

日本酒有微辣和微甜的。

リー↘ベン↗ジョウ˅ ヨウ˅ ウェイ→ ラー↗
フゥー↗ ウェイ→ ティエン↗ ダ

87

216

こちらは辛口です。

520 こちらは甘口です。

217

濃厚な味わいです。

218

すっきりした味わいです。

219

生ビールと瓶ビールがございます。

220

熱燗と冷やどちらになさいますか。

Zhè shì wēi là [wēi tián] de.
这是微辣 ●[微甜] 的。

ヂゥー↘ シー↘ ウェイ→ ラー↘ ●[ウェイ→ ティエン↗] ダ

Wèidao hěn nónghòu.
味道很浓厚。

ウェイ↘タオ ヘン↘ ノォン↗ホウ↘

Wèidao hěn qīngxīn.
味道很清新。

ウェイ↘タオ ヘン↘ チィン→シン→

Yǒu shēngpí hé píngzhuāng píjiǔ.
有生啤和瓶装啤酒。

ヨウ↘ ショォン→ピー↗ フゥー↗
ピィン↗ヂュアン→ ピー↗ジォウ↘

Xūyào rè yíxià háishi lěngzhe hē.
需要热一下还是冷着喝。

シュィ→ヤオ↘ ルゥー↘ イー↗シア↘
ハイ↗シ ラァン↘ヂゥ フゥー→

221 ストレートとロックどちらにしますか。

222 お湯割りもできます。

223 本日のおすすめはこちらです。

224 そちらのタッチパネルでもご注文になれます。

225 タレにつけてお召し上がりください。

045

Bù jiāshuǐ, jiābīng, nín xuǎn něi zhǒng.

不加水，加冰，您选哪种。

プー ジィア シュエイ ジィア ピィン
ニン シュエン ネイ ヂョォン

Yě kěyǐ jiā rè shuǐ.

也可以加热水。

イエ クゥー イー ジィア ルゥー シュエイ

Zhè shì jīntiān de tuījiàn.

这是今天的推荐。

ヂゥー シー ジン ティエン ダ トゥエイ ジエン

Yě kěyǐ yòng zhèige PAD diǎn dān.

也可以用这个 PAD 点单。

イエ クゥー イー ヨォン ヂェイ ガ パイドゥ
ディエン タン

Qǐng zhàn jiàng chī.

请蘸酱吃。

チィン ヂャン ジィアン チー

91

226 温かいうちにどうぞ。

227 お飲み物の追加はいかがですか。

228 お済みの食器をお下げします。

229 温かいお茶をお持ちしましょうか。

230 おしぼりをどうぞ。

046

Qǐng chèn rè chī.
请趁热吃。

チィン　チェン　ルゥー　チー

Xūyào zài diǎn shénme yǐnliào?
需要再点什么饮料?

シュィ　ヤオ　ヅァイ　ディエン　シェン　マ　イン　リァオ

Yòngguo de wǎndié chèxiaqu.
用过的碗碟撤下去。

ヨォン　グオ　ダ　ワン　ディエ　チゥー　シアチュィ

Xūyào rè chá ma?
需要热茶吗?

シュィ　ヤオ　ルゥー　チャー　マ

Qǐng yòng rèmáojin.
请用热毛巾。

チィン　ヨォン　ルゥー　マオ　ジィン

231

この粉を湯飲みに入れてお湯をそそぎます。

232

わさび抜きもできます。

233

お寿司の値段はお皿の色によって違います。

234

寿司以外のメニューもございます。

235

こちらの伝票をレジまでお持ちください。

Bǎ fěnmò fàngjìn rèshuǐ lǐmiàn tiáoyún.

把粉末放进热水里面调匀。

バー↗ フェン↘ モー↘ ファン↘ ジン↘
ルゥー↘ シュエイ↘ リー↘ ミエン↘ ティアオ↗ ユィン↗

Kěyǐ bú fàng lù jièmò.

可以不放绿芥末。

クゥー↗ イー↘ プー↗ ファン↘ リュィ↘ ジエ↘ モー↘

Shòusī de jiàgé gēnjù zhuāng de pán de yánsè ér yì.

寿司的价格根据装的盘的颜色而异。

ショウ↘ スー→ ダ ジィア↘ グゥー↗ ゲン→ ジュィ↘
チュアン→ ダ パン↗ ダ イエン↗ スゥー↘ アール↗ イー↘

Yě yǒu shòusī yǐwài de càidān.

也有寿司以外的菜单。

イエ↗ ヨウ↘ ショウ↘ スー→ イー↘ ワイ↘ ダ ツァイ↘ タン→

Zhèige dānjù qǐng nádào shōuyínchù.

这个单据请拿到收银处。

ヂェイ↘ ガ タン→ ジュィ↘
チィン↘ ナー↗ タオ↘ ショウ→ イン↗ チュウ↘

95

236
お待ちしておりました。

237
どういった部屋をご希望ですか。

238
和室と洋室がございます。

239
和室にはベッドはございません。

240
部屋に露天風呂が付いています。

huānyíng guānglín.

欢迎光临。

ファン→イン↗ グァン→リン↗

Nǐ yào shénmeyàng de fángjiān?

你要什么样的房间？

ニー˅ ヤオ˅ シェン↗マヤン˅ ダ ファン↗ジエン→

Héshì háishi yìbān de fángjiān?

和室还是一般的房间？

フゥー↗シー→ ハイ↗シ イー˅パン→ ダ ファン↗ジエン→

Héshì méiyou chuáng.

和室没有床。

フゥー↗シー˅ メイ↗ヨウ チュアン↗

Fángjiān dài lùtiān wēnquán.

房间带露天温泉。

ファン↗ジエン→ タイ˅ ルー˅ティエン→ ウェン→チュエン↗

241 浴室が付いておりません。

242 シングルは満室です。

243 ツインであればお泊まりになれます。

244 あいにく本日は満室でございます。

245 パスポートを拝見してよろしいですか。

Méiyou yùshì.
没有浴室。

メイ↗ ヨウ ユィ↘ シー↘

Dānjiān dōu mǎn le.
单间都满了。

タン→ ジエン→ トウ→ マン↘ ラ

Shuāngrénjiān hái yǒu.
双人间还有。

シュアン→ レン↗ ジエン→ ハイ↗ ヨウ↘

Bù hǎoyìsi, jīntiān dōu mǎnfáng le.
不好意思，今天都满房了。

プー↘ ハオ↘ イー↘ ス
ジン→ ティエン→ トウ→ マン↘ ファン↗ ラ

Kěyǐ gěi wǒ kàn yíxià nín de hùzhào ma?
可以给我看一下您的护照吗？

クゥー↗ イー↘ ゲイ↗ ウオ↘ カン↘ イー↗ シア↘
ニン↗ ダ フー↘ ヂャオ↘ マ

246 ご案内までロビーでお待ちください。

247 代金は前払いです。

248 代金はチェックアウト時にお支払いください。

249 部屋のカギをお渡しいたします。

250 部屋までご案内いたします。

Qǐng zài qiántīng děngdài wǒmen de zhǐyǐn.

请在前厅等待我们的指引。

チィン ヅァイ チエン ティン
ダァン ダイ ウオ メン ダ ヂー イン

Shì yùfù.

是预付。

シー ユィ フー

Tuìfáng hòu fùkuǎn.

退房后付款。

トゥエイ ファン ホウ フー クァン

Zhè shì fángjiān yàoshi.

这是房间钥匙。

ヂゥー シー ファン ジエン ヤオ シ

Wǒ dài nín qù fángjiān.

我带您去房间。

ウオ タイ ニン チュィ ファン ジエン

101

251 非常口は廊下の突き当たりです。

252 お荷物をお運びいたします。

253 どうぞお入りください。

254 靴を脱いでお上がりください。

255 日本は初めてですか。

Jǐnjí chūkǒu zài zǒuláng jìntóu.

紧急出口在走廊尽头。

ジィン↘ ジィー↗ チュウ→ コウ↘
ヅァイ↘ ヅォウ↘ ラァン↗ ジィン↘ トウ↗

Wǒ bāng nín ná xíngli.

我帮您拿行李。

ウオ↘ パァン→ ニン↗ ナー↗ シィン↗ リ

Qǐng jìn.

请进。

チィン↘ ジン↘

Qǐng tuō xié shànglai.

请脱鞋上来。

チィン↘ トゥオー→ シエ↗ シャン↘ ライ

Shì dìyīcì lái Rìběn ma?

是第一次来日本吗?

シー↘ ディー↘ イー→ ツー↘ ライ↗ リィー↘ ベン↘ マ

256

部屋の設備をご説明いたします。

257

エアコンはこちらです。

258

金庫のカギです。

259

番号をお忘れのないようお願いします。

260

お部屋で Wi-Fi をお使いになれます。

Wǒ lái shuōmíng yíxià fángjiān shèbèi.

我来说明一下房间设备。

ウオ˅ ライ↗ シュオー→ ミィン↗ イー↗ シア˅
ファン↗ジエン→ シゥー˅ペイ

Zhèli shì kōngtiáo.

这里是空调。

ヂゥー˅リ シー˅ コォン→ティヤオ↗

Zhè shì bǎoxiǎnxiāng.

这是保险箱。

ヂゥー˅ シー˅ パァオ↗シエン˅シアン→

Qǐng bié wàng le mìmǎ.

请别忘了密码。

チン˅ ビエ↗ ワン˅ ラ ミー˅マー˅

Zhèige fángjiān kěyǐ wúxiàn shàngwǎng.

这个房间可以无线上网。

ヂェイ˅ガ ファン↗ジエン→
クゥー↗イー˅ ウー↗シエン˅ シャン˅ワァン˅

261 Wi-Fi はロビーでのご利用であれば無料です。

262 冷蔵庫のお飲み物は有料です。

263 大浴場は翌朝に男湯と女湯が入れ替わります。

264 お布団は係の者が敷きにまいります。

265 お茶をお入れします。

Zài qiántīng kěyǐ miǎnfèi wúxiàn shàngwǎng.

在前厅可以免费无线上网。

ヅァイ　チエン　ティン　クゥー　イー　ミエン　フェイ
ウー　シエン　シャン　ワァン

Bīngxiāng nèi de yǐnliào shì shōufèi de.

冰箱内的饮料是收费的。

ビィン　シアン　ネイ　ダ　イン　リァオ　シー
ショウ　フェイ　ダ

Dàyùchǎng míngtiān zǎoshang huì nánnǚ yùshì hùhuàn.

大浴场明天早上会男女浴室互换。

ター　ユィ　チャン　ミィン　ティエン　ヅアオ　シャン
フゥエイ　ナン　ニュィ　ユィ　シー　フー　フゥアン

Jiǔdiàn gōngzuò rényuán huì ná bèizi lái.

酒店工作人员会拿被子来。

ジォウ　ティエン　ゴォン　ヅオ　レン　ユエン
フゥエイ　ナー　ペイ　ヅ　ライ

Dào chá.

倒茶。

ダオ　チャー

266
お茶菓子をお召し上がりください。

267
タオルと浴衣はこちらにございます。

268
小さなタオルはお持ち帰りになれます。

269
バスタオルはお持ち帰りできません。

270
浴衣のお持ち帰りはご遠慮ください。

Qǐng chī diǎnxīn.

请吃点心。

チィン⌵ チー→ ディエン⌵シン→

Zhèli shì máojīn hé yùyī.

这里是毛巾和浴衣。

ヂゥー⌄リ シー⌄ マオ⌃ジィン→ フゥー⌃ ユィ⌄イー→

Xiǎomáojīn kěyǐ dàizǒu.

小毛巾可以带走。

シャオ⌵マオ⌃ジィン→ クゥー⌃イー⌵ ダイ⌄ヅォウ⌵

Dàmáojīn bù kěyǐ dàizǒu.

大毛巾不可以带走。

ター⌄マオ⌃ジィン→ プー⌄ クゥー⌃イー⌵ ダイ⌄ヅォウ⌵

Yùyī bù kěyǐ dàizǒu.

浴衣不可以带走。

ユィ⌄イー→ プー⌄ クゥー⌃イー⌵ ダイ⌄ヅォウ⌵

271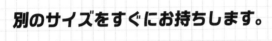
浴衣のサイズのご確認をお願いします。

272
別のサイズをすぐにお持ちします。

273
着方はご存知ですか。

274
えりの端をつまんで浴衣を広げます。

275
右身ごろを体にあてます。

Hé nín quèrèn yùyī de chǐcun.
和您确认浴衣的尺寸。

フゥー↗ ニン↗ チュエ↘レン↘
ユィ↘ イー→ ダ チー↘ツゥン

Wǒ ná bié de chǐcun lái.
我拿别的尺寸来。

ウオ↘ ナー↗ ビエ↗ ダ チー↘ツゥン ライ↗

Nín zhīdao zěnme chuān ma?
您知道怎么穿吗?

ニン↗ チー→タオ ヅェン↘マ チュアン→ マ

Zhuāzhù lǐngkǒu zhǎnkāi yùyī.
抓住领口展开浴衣。

チュアー→チュウ↘ リィン↗コウ↘
ヂャン↘カイ→ ユィ↘イー→

Jiāng yīfu juǎnjìn yòubian.
将衣服卷进右边。

ジアン→ イー→フ ジュエン↘ジン↘ ヨウ↘ビエン

276

左身ごろが上になるようにします。

277

帯を巻きます。

278

これは浴衣の上に着る羽織です。

279

ご夕食は何時になさいますか。

280

ご朝食のお時間は何時になさいますか。

Zuǒbian yìbiān juǎn yìbiān tílā.
左边一边卷一边提拉。

ヅオ˅ビエン イー↘ビエン→ ジュエン˅
イー↘ビエン→ ティー↗ラー→

Juǎn shàngyī dài.
卷上衣带。

ジュエン˅ シャン↘イー→ タイ↘

Zhè shì yùyī de wàitào.
这是浴衣的外套。

ヂゥー↘ シー↘ ユィ↘イー→ ダ ワイ↘タオ↘

Jǐ diǎn chī wǎnfàn?
几点吃晚饭?

ジィー↗ ディエン˅ チー→ ワン˅ファン↘

Jǐ diǎn chī zǎofàn?
几点吃早饭?

ジィー↗ ディエン˅ チー→ ヅァオ˅ファン↘

281

ご朝食の際はこちらの券をお持ちください。

282

ご用の際はなんなりとお申し付けください。

283

こちらの電話でお呼びください。

284

フロントの内線番号はこちらです。

285

ごゆっくりおくつろぎください。

Qǐng náhǎo zǎocān quàn.

请拿好早餐券。

チィン↘ ナー↗ ハオ↘ ヅァオ↘ ツァン→ チュエン↘

Yǒu shénme shì dōu kěyǐ jiào wǒ.

有什么事都可以叫我。

ヨウ↘ シェン↗ マ シー↘
ドウ→ クゥー↗ イー↘ ジァオ↘ ウオ↘

Qǐng yòng zhèige diànhuà jiào wǒmén.

请用这个电话叫我们。

チィン↘ ヨォン↘ チェイ↘ ガ ディエン↘ホワ↘ ジァオ↘
ウオ↘ メン↗

Zhè shì nèibù diànhuà hàomǎ.

这是内部电话号码。

ヂゥー↘ シー↘ ネイ↘ プー↘ ディエン↘ホワ↘ ハオ↘マー↘

Qǐng hǎohǎo xiūxi.

请好好休息。

チィン↘ ハオ↗ハオ↘ シォウ→シ

286 入ってもよろしいでしょうか。

287 ご夕食は宴会場にてご用意いたします。

288 ご夕食はお部屋にお運びいたします。

289 《食事を持って》お待たせいたしました。

290 お茶とご飯はこちらにございます。

Kěyǐ jìnqu ma?

可以进去吗?

クゥー イー ジィン チュイ マ

Wǎnfàn zhǔnbèi zài yànhuìtīng.

晚饭准备在宴会厅。

ワン ファン ヂュエン ベイ ヅァイ
イェン フゥエイ ティン

Wǎnfàn nádào fángjiān lái.

晚饭拿到房间来。

ワン ファン ナー タオ ファン ジエン ライ

Jiǔ děng le.

久等了。

ジォウ ダァン ラ

Zhèli yǒu chá hé fàn.

这里有茶和饭。

ヂゥー リ ヨウ チャー フゥー ファン

117

291 ごゆっくりお召し上がりください。

292 お済みになりましたらお呼びください。

293 テーブルをお片付けいたします。

294 お布団を敷かせていただきます。

295 お布団を片付けにまいりました。

Qǐng màn yòng.
请慢用。

チィン マン ヨォン

Chīhǎo hòu qǐng jiào wǒmen de gōngzuò rényuán.
吃好后请叫我们的工作人员。

チー ハオ ホウ チィン ジアオ ウオー メン ダ
コォン ヅオ レン ユエン

Xiànzài kāishǐ shōushi zhuōzi.
现在开始收拾桌子。

シエン ヅァイ カイ シー ショウ シ ヂュオ ヅ

Xiànzài kāishǐ zhǔnbèi bèirù.
现在开始准备被褥。

シエン ヅァイ カイ シー
ヂュエン ベイ ペイ ルー

Xiànzài kāishǐ zhěnglǐ bèirù.
现在开始整理被褥。

シエン ヅァイ カイ シー ヂァン リー ペイ ルー

296
よくお休みになられましたか。

297
記念にお写真をお撮りしましょうか。

298
最寄り駅までの送迎バスがございます。

299
タクシーをお呼びしますか。

300
迎車料金がかかりますがよろしいですか。

Nín xiūxide hǎo ma?

您休息得好吗?

ニン↗ シォウ→シダ ハオ✓ マ

Yào bāng nín pāi jìniàn zhàopiàn ma?

要帮您拍纪念照片吗?

ヤオ↘ パァン→ ニン↗ パイ→ ジィー↘ニエン↘

チャオ↘ピエン↘ マ

Dào zuìjìn de chēzhàn yǒu jiēsòng dàbā.

到最近的车站有接送大巴。

タオ↘ ヅイ↘ジン↘ ダ チゥー→チャン↘

ヨウ✓ ジエ→ソォン↘ ター↘パー→

Yào bāng nín jiào chūzūchē ma?

要帮您叫出租车吗?

ヤオ↘ パァン→ ニン↗ ジァオ↘ チュウ→ヅー→チゥー→ マ

Jiēsòng chē yào fù fèi, kěyǐ ma?

接送车要付费,可以吗?

ジエ→ソォン↘ チゥー→ ヤオ↘ フー↘ フェイ↘

クゥー↗イー✓ マ

121

301 ドアはオートロックです。

302 ドアはオートロックではございません
のでご注意ください。

303 お気を付けて行ってらっしゃいませ。

304 傘をお貸ししましょうか。

305 部屋番号をお教えください。

(◁)) **061**

Mén shì zìdòng shàng suǒ de.
门是自动上锁的。

メン↗ シー↘ ヅー↘ ドォン↘ シャン↘ スオ↘ ダ

Mén bú shì zìdòng shàng suǒ de, qǐng zhùyì.
门不是自动上锁的，请注意。

メン↗ プー↗ シー↘ ヅー↘ ドォン↘ シャン↘ スオ↘ ダ
チィン↘ ヂュウ↘ イー↘

Yílù píng'ān.
一路平安。

イー↗ ルー↘ ピィン↗ アン→

Yào jiè sǎn ma?
要借伞吗？

ヤオ↘ ジエ↘ サン↘ マ

Qǐng gàosu fángjiān hào.
请告诉房间号。

チィン↘ ガオ↘ ス ファン↗ ジエン→ ハオ↘

306

体を洗ってから湯船に浸かってください。

307

タオルは湯船に浸けないようにお願い
します。

308

髪が湯船に浸からないよう結んでください。

309

温度に慣れるため入る前に湯を体にか
けます。

310

こちらの時間帯であれば可能です。

《貸し切り風呂の利用》

Qǐng xǐ gānjìng shēntǐ yǐhòu jìn rù yùchí.
请洗干净身体以后进入浴池。

チィン↗ シー↘ ガン→ジィン↘ シェン→ティー↘
イー↘ ホウ↘ ジン↘ ルー→ ユィ↘チー↗

Máojīn bú yào jìnrù yùchí.
毛巾不要浸入浴池。

マオ↗ジン→ プー↗ ヤオ↘ ジン↘ルー→ ユィ↘チー↗

Qǐng pánfā hòu jìnrù yùchí.
请盘发后进入浴池。

チィン↘ パン↗ファー→ ホウ↘ ジン↘ルー↘ ユィ↘チー↗

Jìnrù yùchí qián qǐng pōshuǐ zài shēnshang shìyìng wēndù.
进入浴池前请泼水在身上适应温度。

ジン↘ルー↘ ユィ↘チー→ チエン↗ チィン↘ ポー→シュエイ↘
ヅァイ↘ シェン→シャン シー↘イン↘ ウェン→ドゥー↘

Rúguǒ shì zhèige shíjiān de huà, kěyǐ wèi nín fúwù.
如果是这个时间的话，可以为您服务。

ルー↗ グオ↗ シー↘ ヂェイ↘ガ シー↗ジエン→ ダ ホア↘
クゥー↗ イー↘ ウエイ↘ ニン↗ フー↗ウー↘

125

311

当店のご利用は初めてですか。

312

どのコースになさいますか。

313

ご予約はされていますか。

314

本日は予約でいっぱいです。

315

確認事項をチェックして問題がなければ署名してください。

Nín shì dìyīcì lái běndiàn ma?
您是第一次来本店吗?

ニン↗ シー→ ディー↘ イー→ツー↘ ライ↗
ベン↘ ティエン↘ マ

Nín xuǎnzé něige tàocān.
您选择哪个套餐。

ニン↗ シュエン↘ヅゥー↗ ネイ↘ ガ タオ↘ツァン→

Nín yùyuē le ma?
您预约了吗?

ニン↗ ユィ↘ユエ→ ラ マ

Jīntiān de yùyuē yǐjīng mǎn le.
今天的预约已经满了。

ジン→ティエン→ ダ ユィ↘ユエ→ イー↘ジィン→ マン↘ ラ

Quèrèn zhùyì shìxiàng yǐhòu, rú méiyou wèntí qǐng qiānzi.
确认注意事项以后，如没有问题请签字。

チュエ↘ レン↘ ヂュウ↘イー↘ シー↘シアン↘ イー↘ホウ↘
ルー↗ メイ↗ヨウ ウエン↘ティー↗ チィン↘ チエン→ヅ

127

316
こちらにお着替えください。

317
お着替えはお済みでしょうか。

318
本日担当する［　　　］です。

319
体を楽にして力を抜いてください。

320
うつ伏せに寝てください。

Qǐng huàn zhèige.
请换这个。

チィン↘ フゥアン↘ チェイ↗ ガ

Yǐjīng huànhǎo le ma?
已经换好了吗?

イー↘ ジィン→ フゥアン↘ハオ↘ ラ マ

Wǒ shì jīntiān de fùzérén, [　　].
我是今天的负责人，[　　　]。

ウオ↘ シー↘ ジン→ティエン→ ダ フー↘ヅゥー↗ レン↗
[　　]

Qǐng fàngsōng shēntǐ.
请放松身体。

チィン↘ ファン↘ソォン→ シェン→ティー↘

Qǐng pāzhe.
请趴着。

チィン↘ パー→ヂゥ

129

321
仰向けに寝てください。

322
体を横に向けてください。

323
痛かったら教えてください。

324
お冷やしいたします。
《レーザーなどで熱した箇所を》

325
ホットタオルでございます。

Qǐng yǎngzhe.
请仰着。

チィン﹀ ヤン﹀ ヂゥ

Qǐng shēntǐ cètǎng.
请身体侧躺。

チィン﹀ シェン→ ティー﹀ ツゥー﹀ タァン﹀

Rúguǒ téng, qǐng hé wǒ shuō.
如果疼，请和我说。

ルー↗ グオ﹀ トァン↗ チィン﹀ フゥー↗ ウオ﹀ シュオー→

Wèi nín jiàngwēn yíxià.
为您降温一下。

ウエイ﹀ ニン↗ ジァン﹀ ウエン→ イー↗ シア﹀

Zhè shì rè máojīn.
这是热毛巾。

ヂゥー﹀ シー﹀ ルゥー﹀ マオ↗ ジィン→

131

326

終わりました。

327

お疲れさまでした。

328

ゆっくりと体を起こしてください。

329

お茶をお持ちします。

330

着替え終わりましたら受付までお越し
ください。

Jiéshù le.

结束了。

ジエ シュウ ラ

Xīnkǔ le.

辛苦了。

シン クー ラ

Qǐng mànmānr qǐshēn.

请慢慢儿起身。

チィン マン マール チー シェン

Wǒ ná chá guòlai.

我拿茶过来。

ウオ ナー チャー グオ ライ

Huànhǎo yīfu hòu, qǐng dào qiántái lái.

换好衣服后，请到前台来。

フゥアン ハオ イー フ ホウ

チィン タオ チエン タイ ライ

331 上着とお荷物をお預かりします。

332 カットのみでよろしいですか。

333 そちらに掛けてお待ちください。

334 どんなヘアスタイルになさいますか。

335 どれくらいお切りになりますか。

Wǒmen kěyǐ jìcún nín de wàitào hé bāo.
我们可以寄存您的外套和包。

ウオ＼メン クゥー↗イー＼ ジィー＼ツゥン↗ ニン↗ ダ
ワイ＼タオ＼ フゥー↗ パオ→

Zhǐ jiǎn tóufa shì ma?
只剪头发是吗？

ヂー↗ ジエン＼ トウ↗ファー シー＼ マ

Qǐng zuò dào nèibiān qù.
请坐到那边去。

チィン＼ ヅオ＼ タオ＼ ネイ＼ビエン→ チュィ＼

Xīwàng zuò shénmeyàng de fàxíng.
希望做什么样的发型。

シイ→ワァン＼ ヅオ＼ シェン↗マヤン＼ ダ ファー→シィン↗

Yào jiǎn duōshao ne?
要剪多少呢？

ヤオ＼ ジエン＼ トゥオ→シャオ ナ

135

336 いま流行りのヘアスタイルです。

337 シャンプー台までご案内します。

338 お湯加減はいかがですか。

339 前髪はどうしますか。

340 いかがでしょうか。《鏡を見せながら》

Zhè shì xiànzài liúxíng de fāxíng.

这是现在流行的发型。

チゥー↘ シー↘ シエン↘ヅァイ↘ リォウ↗シィン↗ ダ

ファー→シィン↗

Wǒ dài nín qù xǐtóu.

我带您去洗头。

ウオ↘ タイ↘ ニン↗ チュィ↘ シイ↘ トウ↗

Shuǐ de wēndù héshì ma?

水的温度合适吗?

シュエイ↘ ダ ウェン→ドゥー↘ フゥー↗シー↘ マ

Qiánfà zěnme bàn?

前发怎么办?

チエン↗ファー↘ ヅェン↘マ バン↘

Zěnmeyàng?

怎么样?

ヅェン↘マヤン↘

341　運賃は前払いです。

342　運賃は後払いです。

343　整理券をお取りください。

344　IC カードをタッチしてください。

345　現金でのお支払いですか。

Chēfèi xiān fù.
车费先付。

チゥー→ **フェイ**↘ **シエン**→ **フー**↘

Chefèi hòu fù.
车费后付。

チゥー→ **フェイ**↘ **ホウ**↘ **フー**↘

Qǐng qǔ nín de zhěnglǐquàn.
请取您的整理券。

チィン↗ **チュィ**↘ **ニン**↗ **ダ** **ヂァン**↗ **リー**↘ **チュエン**↘

Qǐng shuā yíxià IC kǎ.
请刷一下 IC 卡。

チィン↘ **シュア**→ **イー**↗ **シア**↘ **アイシー** **カー**↘

Shì fù xiànjīn ma?
是付现金吗?

シー↘ **フー**↘ **シエン**↘ **ジィン**→ **マ**

346

両替する場合はここにお札を入れてください。

347

両替できるお札は 1000 円のみです。

348

IC カードをチャージなさいますか。

349

後ろの扉からお降りください。

350

どちらからご乗車されましたか。

Yào huàn língqián dehuà, qǐng zài zhèli fàngrù zhǐbì.

要换零钱的话，请在这里放入纸币。

ヤオˋ フゥアンˋ リィンˊチエンˊ ダホワˋ

チィンˇ ヅァイˋ ヂゥーˋリ ファンˋルーˋ ジーˇビーˋ

Zhǐnéng duìhuàn yìqiān rìyuán de zhǐbì.

只能兑换一千日元的纸币。

ジーˇナァンˊ ドゥエイˋフゥアンˋ

イーˋチエン→ リーˋユエンˊ ダ ジーˇ ビーˋ

Yào gěi IC kǎ chōng zhí ma?

要给 IC 卡充值吗？

ヤオˋ ゲイˇ アイシー カーˇ チョォン→ ヂーˊ マ

Qǐng cóng hòumiàn de mén zǒu.

请从后面的门走。

チィンˇ ツォンˊ ホウˋミェンˋ ダ メンˊ ヅォウˇ

Nín shì cóng nǎli shàng chē de?

您是从哪里上车的？

ニンˊ シーˋ ツォンˊ ナーˇリ シャンˋ チゥー→ ダ

141

351 切符を拝見します。

352 指定席券はお持ちですか。

353 座席が間違っております。

354 自由席の車両はここではございません。

355 特急券が必要となります。

Qǐng bǎ chēpiào gěi wǒ kàn yíxià.

请把车票给我看一下。

チィン↗ バー↘ チゥー→ ピアオ↘ ゲイ↗ ウオ↘ カン↘
イー↗ シア↘

Nín yǒu zhǐdìng xíwèi de quàn ma?

您有指定席位的券吗?

ニン↗ ヨウ↘ ヂー→ ディン↘ シー↗ ウェイ↘ ダ
チュェン↘ マ

Nín de wèizi zuòcuò le.

您的位子坐错了。

ニン↗ ダ ウェイ↘ ヅ ズオ↘ ツオ↘ ラ

Zhèli bú shì zìyóuxí.

这里不是自由席。

ヂゥー↘ リ プー↗ シー↘ ヅー↘ ヨウ↗ シー↗

Xūyào tèjíquàn.

需要特急券。

シュィ→ ヤオ↘ トゥー↘ ジー↗ チュェン↘

143

356 こちらの車両は別途代金がかかります。

357 お支払いいただけない場合は，車両の
ご移動をお願いいたします。

358 お飲み物，おつまみ，お弁当はいかが
ですか。

359 1番線に乗り換えてください。

360 反対側のホームでお待ちください。

Zhège chēxiāng xū lìngjiā fèiyòng.

这个车厢需另加费用。

チェイ ガ チゥー シアン シュィ リィン ジィア フェイ ヨォン

Rúguǒ méiyou fù fèi dehuà, qǐng qù bié de chēxiāng.

如果没有付费的话，请去别的车厢。

ルー グオ メイ ヨウ フー フェイ ダホワ チィン チュィ ビエ ダ チゥー シアン

Xūyào yǐnliào, xiǎoshí, héfàn ma?

需要饮料，小食，盒饭吗？

シュィ ヤオ イン リァオ シャオ シー フゥー ファン マ

Qǐng zài yí hào xiàn zhuànchéng.

请在一号线转乘。

チィン ヅァイ イー ハオ シエン ジュアン チァン

Qǐng zài duìmiàn de zhàntái shāo děng.

请在对面的站台稍等。

チィン ヅァイ ドゥエイ ミエン ダ ヂァン タイ シャオ ダァン

361

2つ目の駅で下車してください。

362

階段を渡って反対側のホームです。

363

事故のため遅れています。

364

終日運転を見合わせております。

365

精算機で清算してください。

073

Qǐng zài liǎng zhàn hòu xià chē.
请在两站后下车。

チィン ヅァイ リァン チャン ホウ シア チゥー

Guò le táijiē zài duìmiàn de zhàntái.
过了台阶在对面的站台。

グオ ラ タイ ジエ ヅァイ ドゥエイ ミエン ダ
チャン タイ

Yīn shìgù yánchí.
因事故延迟。

イン シー グー イエン チー

Yìtiān de yùnxíng dōu xūyào gēnjù qíngkuàng tiáozhěng.
一天的运行都需要根据情况调整。

イー ティエン ダ ユィン シィン ドウ シュィ ヤオ
ゲン ジュィ チィン クァン ティアオ ヂァン

Qǐng zài jīngsuànjīshang jìnxíng jīngsuàn.
请在精算机上进行精算。

チィン ヅァイ ジィン スアン ジー シャン
ジン シィン ジィン スアン

366
行き先はどちらですか。

367
ご予約のお客様を待っているため
ご乗車いただけません。

368
5人以上は定員オーバーです。

369
2台に分乗してください。

370
お荷物をトランクにお入れしますか。

074

Qǐngwèn, nín qù nǎli?

请问，您去哪里？

チィン˅ ウエン↘ 　ニン↗ チュィ↘ ナー˅リ

Yǐjīng yǒu yùdìng le, nín bù néng shàng.

已经有预定了，您不能上。

イー˅ ジィン→ ヨウ˅ ユィ↘ティン↘ ラ
ニン↗ プー↘ ナァン↗ シャン↘

Wǔ gerén yǐshàng chāozài.

5 个人以上超载。

ウー˅ ガレン↗ イー˅シャン↘ チャオ→ヅァイ↘

Qǐng fēn liǎng liàng zuò.

请分 2 辆坐。

チィン˅ フェン→ リァン˅ リァン↘ ヅオ↘

Xíngli fàng hòu chēxiāng ma?

行李放后车厢吗？

シィン↗リ ファン↘ ホウ↘ チゥー→シアン→ マ

371 シートベルトをお締めください。

372 ご住所かお電話番号はおわかりですか。

373 距離が遠すぎるため行けません。

374 高速道路を利用すれば早く着きます。

375 高速料金が別途かかりますがよろしい
ですか。

Qǐng jìhǎo ānquándài.

请系好安全带。

チィン↘ ジー↘ ハオ↘ アン→チュエン↗タイ↘

Nín zhīdao zhùzhǐ huòzhě diànhuà ma?

您知道住址或者电话吗？

ニン↗ ヂー→ダオ ヂュウ↘ヂー↘
フオ↘ヂゥー↘ ディエン↘ホワ↘ マ

Tài yuǎn le, zǒubudào.

太远了，走不到。

タイ↘ ユエン↘ ラ ヂォウ↘プータオ↘

Zǒu gāosù gèng kuài

走高速更快。

ヂォウ↘ ガオ→スー↘ グゥン↘ クァイ↘

Gāosùfèi lìng suàn kěyǐ ma?

高速费另算可以吗？

ガオ→スー↘フェイ↘ リィン↘ スアン↘ クゥー↗イー↘ マ

376

深夜割増料金になりますがよろしいですか。

377

ここから約 30 分ほどかかります。

378

どちらの国から来られましたか。

379

観光ですか。

380

いまは桜が見頃です。

Zhèige shíhou zuò chē huì yǒu shēnyèfèi kěyǐ ma?

这个时候坐车会有深夜费可以吗？

チェイ↗ ガ シー↗ ホウ ヅオ↘ チゥー→

フゥエイ↘ ヨウ↘ シェン→イエ↘フェイ↘ クゥー↗イー↘ マ

Cóng zhèli chūfā dàgài yào sānshí fēnzhōng.

从这里出发大概要三十分钟。

ツォン↗ チゥー↘リ チュウ→ファー→ ダー↘ガイ↘ ヤオ↘

サン→シー↗ フェン→チョォン→

Nín cóng nǎli lái?

您从哪里来？

ニン↗ ツォン↗ ナー↘リ ライ↗

Shì lái guānguāng de ma?

是来观光的吗？

シー↘ ライ↗ グアン→グァン→ ダ マ

Xiànzài shì yīnghuā de shíjié.

现在是樱花的时节。

シエン↘ヅァイ↘ シー↘ イン→ホワ→ ダ シー↗ジエ↗

153

381 この辺りでお停めしてよろしいですか。

 382 目的地に到着いたしました。

 383 お忘れ物のないようお気を付けください。

 384 お客様，お忘れ物です。

 385 失礼いたします。

Tíng zài zhèli kěyǐ ma?

停在这里可以吗?

ティン↗ ヅァイ↘ ヂゥー↘リ クゥー↗イー↘ マ

Dào mùdìdì le.

到目的地了。

タオ↘ ムー↘ティー↘ティー↘ ラ

Qǐng bié wàng le nín de dōngxi.

请别忘了您的东西。

チィン↘ ビエ↗ ワァン↘ ラ ニン↗ ダ ドォン→シ

Kèrén, nín wàng dōngxi le.

客人，您忘东西了。

クゥー↘レン↗　ニン↗ ワァン↘ トォン→シ ラ

Bù hǎoyìsi.

不好意思。

プー↘ ハオ↘イー↘ス

386

パンフレットは無料です。

387

ご自由にお持ちください。

388

周辺の地図です。

389

行きたい観光地はございますか。

390

お調べいたします。

Xiǎocèzi miǎnfèi.
小册子免费。

シャオ˅ツォー‾ヅ ミエン˅フェイ‾

Qǐng suíbiàn ná.
请随便拿。

チィン˅ スェイ‾ビエン‾ ナー‾

Zhōubiān de dìtú.
周边的地图。

ヂョウ‾ビエン‾ ダ ディー‾トゥー‾

Nín yǒu xiǎng qù de guānguāngdì ma?
您有想去的观光地吗?

ニン‾ ヨウ˅ シアン˅ チュィ‾ ダ
グアン‾グァン‾ディー‾ マ

Wǒ lái chá yíxià.
我来查一下。

ウオ˅ ライ‾ チャー‾ イー‾シア‾

 391

ここからバスに乗ります。

 392

最寄り駅は隣の駅です。

 393

バスは本数が少ないです。

 394

タクシーで行ったほうが早いです。

395

すぐそこです。

Cóng zhèli zuò chē.

从这里坐车。

ツォン チゥー リ ヅオ チゥー

Zuìjìn de chēzhàn jiù zài xià yízhàn.

最近的车站就在下一站。

ヅイ ジン ダ チゥー チャン ジォウ ヅァイ
シア イー チャン

Chēcì bù duō.

车次不多。

チゥー ツー プー トゥオー

Zuò chūzūchē gèng kuài.

坐出租车更快。

ヅオ チュウ ヅー チゥー グゥン クアイ

Jiù zài nàli.

就在那里。

ジォウ ヅァイ ナー リ

396
ここからだと少し遠いです。

397
歩いて行くには遠すぎます。

398
観光周遊バスをご利用ください。

399
4時に閉まってしまいます。

400
本日は休館になります。

Cóng zhèli zǒu yǒudiǎn yuǎn.

从这里走有点远。

ツォン↗ ヂゥー↘ リ ヅォウ↘ ヨウ↗ ディエン↗ ユエン↘

Zǒuzhe qù tài yuǎn le.

走着去太远了。

ゾウ↘ ヂゥ チュィ↘ タイ↘ ユエン↘ ラ

Qǐng yòng guānguāng dàbā.

请用观光大巴。

チィン↘ ヨォン↘ グアン→グァン→ ダー↘パー→

Sì diǎn guān mén.

4 点关门。

スー↘ ディエン↘ グアン→ メン↗

Jīntiān bù kāi.

今天不开。

ジン→ティエン→ プー↘ カイ→

401 まっすぐ行ってください。

402 角を曲がってください。

403 右に曲がります。

521 ● 左に曲がります。

404 歩道橋を渡ります。

405 2つ目の信号を渡ってください。

Qǐng zhí zǒu.
请直走。

チィン﹀ チー↗ ヅォウ﹀

Zài jiējiǎo zhuǎnwān.
在街角转弯。

ヅァイ↘ ジィエ→ジィァオ↗ チュアン﹀ ワン→

Yòu [Zuǒ] zhuǎn.
右●[左] 转。

ヨウ↘●[ヅオ﹀] チュアン﹀

Guò rén xíng tiānqiáo.
过人行天桥。

グオ↘ レン↗ シィン↗ ティエン→チァオ↗

Guò dì' èr ge hónglǜdēng.
过第二个红绿灯。

グオ↘ ディー↘ アール↘ ガ ホォン↗リュィ﹀ダァン→

406

近くまでご案内します。

407

地図をお描きします。

408

おすすめの観光スポットに丸を付けて
おきます。

409

レンタサイクルがご利用になれます。

410

申込書にご記入願います。

Wǒ dài nín dào fùjìn qù ba.

我带您到附近去吧。

ウオ˅ タイˎ ニンˊ タオˎ フーˎ ジィンˎ チュィˎ バ

Wǒ gěi nín huà dìtú.

我给您画地图。

ウオ˅ ゲイ˅ ニンˊ ホワˎ ディーˎトゥーˊ

Tuījiàn de guānguāng dìdiǎnshang huàquān.

推荐的观光地点上画圈。

トゥエイ→ジエンˎ ダ グアン→グァン→
ディーˎ ディエン˅シャン ホワˎチュエン→

Kěyǐ jiè zìxíngchē.

可以借自行车。

クゥーˊ イー˅ ジエˎ ヅーˎ シィンˊ チゥー→

Qǐng tiánxiě shēnqǐngshū.

请填写申请书。

チィン˅ ティエンˊ シエ˅ シェン→チィン˅シュウ→

411 学生証のご提示をお願いします。

412 その時間の上映は満席です。

413 席はどちらになさいますか。

414 こちらの席が見やすいです。

415 毛布はご入り用ですか。

Qǐng chūshì xuéshēngzhèng.
请出示学生证。

チィン⌄ チュウ→シー⌄ シュエ⌄ショォン→ヂョォン⌄

Nèige shíjiān de diànyǐngyuàn dōu mǎn le.
那个时间的电影院都满了。

ネイ⌄ ガ シー⌄ ジエン→ ダ ディエン⌄イン⌄ユエン⌄
トウ→ マン⌄ ラ

Nín xiǎngzuò zài nálǐ?
您想坐在哪里？

ニン⌄ シアン⌄ヅオ⌄ ヅァイ⌄ ナー⌄リ

Zhèige zuòwèi bǐjiào fāngbiàn kàn.
这个坐位比较方便看。

ヂェイ⌄ ガ ヅオ⌄ウェイ⌄ ビー⌄ジアオ⌄ ファン→ビエン⌄ カン⌄

Xūyào máotǎn ma?
需要毛毯吗？

シュィ→ヤオ⌄ マオ⌄タン⌄ マ

416

劇場内は開演 10 分前になりましたら
入れます。

417

チケットを拝見します。

418

再入場にはこの半券が必要となります。

419

音声ガイドをご利用になれます。

420

貸出に別途料金がかかります。

Kāiyǎn qián shí fēnzhōng kěyǐ rùchǎng.

开演前十分钟可以入场。

カイ→イエン↘ チエン↗ シー→ フェン→ヂョオン→
クゥー↗イー↘ ルー↘チャン↘

Qǐng gěi wǒ kàn yíxià nín de piào.

请给我看一下您的票。

チィン↗ ゲイ↘ ウオ↘ カン↘ イー↗シア↘ ニン↗ ダ ピアオ↘

Zài rùchǎng de shíhou xūyào zhèige bànpiào.

再入场的时候需要这个半票。

ヅァイ↘ ルー↘チャン↘ ダ シー↗ホウ
シュィ→ヤオ↘ ヂェイ↘ガ パン↘ピアオ↘

Yào yòng fānyìqì ma?

要用翻译器吗？

ヤオ↘ ヨン↘ ファン→イー↘チー↘ マ

Zūlìn xūyào zūlìnfèi.

租赁需要租赁费。

ヅー→リン↘ シュィ→ヤオ↘ ヅー→リン↘フェイ↘

421

この席ですと花道が近いです。

422

<ruby>桟敷席<rt>さじきせき</rt></ruby>では靴を脱いでください。

423

おすすめの演目はこちらです。

424

昼の部，夜の部どちらになさいますか。

425

幕間（休憩時間）にお座席でお食事を
とることができます。

Zhège zuòwèi dehuà, lí zhōngxīn de dàdào jìn.

这个座位的话，离中心的大道近。

チェイ ガ ヅオ ウェイ ダホワ
リー **ヂョォン** シン ダ ダー タオ ジィン

Héshì xíwèi xūyào tuō xié.

和式席位需要脱鞋。

フゥー **シー** シー ウェイ シュィ ヤオ トゥオ シエ

Zhè shì tuījiàn de jiémù.

这是推荐的节目。

ヂゥー **シー** トゥエイ ジエン ダ ジエ ムー

Báitiān hé wǎnshang nín xuǎn něige.

白天和晚上您选哪个。

バイ ティエン フゥー ワン **シャン**
ニン シュエン ネイ ガ

Zhōngchǎng xiūxi de shíhou kěyǐ chī dōngxi.

中场休息的时候可以吃东西。

ヂョォン チャン シォウ シ ダ **シー** ホウ
クゥー イー **チー** トォン シ

171

426

軽食や飲み物はロビーで販売しており
ます。

427

座席表をご覧ください。

428

マス席は4名様用です。

429

タマリ席ではご飲食できません。

430

椅子席はお値段がお手頃です。

Xiǎoshí hé yǐnliào zài wàimian yǒu mài.

小食和饮料在外面有卖。

シャオ シー フゥー イン リァオ
ヅァイ ワイ ミェン ヨウ マイ

Zhè shì xíwèibiǎo.

这是席位表。

ヂゥー シー シー ウェイ ビヤオ

Gāojí qián pái zuòwèi kěyǐ zuò sì ge rén.

高级前排座位可以坐 4 个人。

ガオ ジィー チエン パイ ヅオ ウェイ
クゥー イー ヅオ スー ガ レン

Zuìqián pái zuòwèi bùnéng chī dōngxi.

最前排座位不能吃东西。

ヅイ チエン パイ ヅオ ウェイ
プー ナァン チー トォン シ

Yǒu zuòyǐ de zuòwèi jiàgé bǐjiào hélǐ.

有座椅的座位价格比较合理。

ヨウ ヅオ イー ダ ヅオ ウェイ
ジア グゥー ビー ジアオ フー リー

431

再入場できませんのでご注意ください。

432

写真撮影はご遠慮ください。

433

動画の撮影はご遠慮願います。

434

フラッシュは禁止です。

435

展示品にお手を触れないようお願いします。

Bù néng zài rùchǎng, qǐng zhùyì.

不能再入场，请注意。

プー↘ ナァン↗ ヅァイ↘ ルー↘ チャン↘

チン↘ ヂュウ↘ イー↘

Jìnzhǐ pāizhào.

禁止拍照。

ジン↘ ヂー↘ パイ↗ ヂャオ↘

Jìnzhǐ lùxiàng.

禁止录像。

ジン↘ ヂー↘ ルー↘ シァン↘

Jìnzhǐ kāi shǎnguāngdēng.

禁止开闪光灯。

ジン↘ ヂー↘ カイ↗ シャン↘ グァン↗ ダァン↗

Qǐng bú yào chùmō zhǎnpǐn.

请不要触摸展品。

チン↘ プー↗ ヤオ↘ チュー↘ モー↗ ヂャン↗ ピン↘

436
館内でのご飲食はご遠慮ください。

437
館内ではお静かに願います。

438
順路はこちらからです。

439
時間になりましたら受付までお越しく
ださい。

440
お名前のご記入をお願いします。

Jìnzhǐ zài zhǎnguǎn nèi chī dōngxi.

禁止在展馆内吃东西。

ジィン↘ チー↘ ヅァイ↘ チャン↗ グアン↘ ネイ↘
チー→ トォン→シ

Zài zhǎnguǎn nèi qǐng bǎochí ānjìng.

在展馆内请保持安静。

ヅァイ↘ チャン↗グアン↘ ネイ↘
チィン↘ パオ↘チー↗ アン→ジィン↘

Zhè shì zhèngquè de lù.

这是正确的路。

ヂゥー↘ シー↘ ヂョォン↘チュエ↘ ダ ルー↘

Shíjiān dào le, qǐng dào qiántái lái.

时间到了，请到前台来。

シー↗ジエン→ タオ↘ ラ
チィン↘ タオ↘ チエン↗タイ↗ ライ↗

Qǐng tiánxiě nín de míngzì.

请填写您的名字。

チィン↘ ティエン↗シエ↘ ニン↗ ダ ミィン↗ツ↘

177

441

チケットはどの種類になさいますか。

442

入園のみのチケットになりますがよろしいですか。

443

乗り物に乗るには別途チケットが必要です。

444

お得なワンデーパスがございます。

445

ご乗車の際にワンデーパスをご提示ください。

Nín yào mǎi něige zhǒnglèi de quàn?
您要买哪个种类的券?

ニン↗ ヤオ↘ マイ↗ ネイ↘ ガ ヂョォン↗ レイ↘ ダ チュエン↘

Zhè shì zhǐ hán rùnèi de quàn, kěyǐ ma?
这是只含入内的券，可以吗?

ヂゥー↘ シー↘ ヂー↘ ハン↗ ルー↘ ネイ↘ ダ チュエン↘
クゥー↗ イー↘ マ

Lǐmiàn de yóuyì shèshī hái xūyào lìngwài fùfèi.
里面的游艺设施还需要另外付费。

リー↘ ミエン↘ ダ ヨウ↗ イー↘ シゥー↘ シー↗
ハイ↗ シュィ↗ヤオ↘ リィン↘ワイ↘ フー↘フェイ↘

Mǎi yīrìquàn gèng piányi.
买一日券更便宜。

マイ↘ イー→リー↘ チュエン↘ グゥン↘ ピエン↗イ

Zuò chē de shíhou qǐng chūshì yīrìquàn.
坐车的时候，请出示一日券。

ヅオ↘ チゥー→ ダ シー↗ホウ
チィン↘ チュウ→シー↘ イー→リー↘チュエン↘

179

446
ただいま 1 時間待ちとなります。

447
こちらのアトラクションは現在調整中
です。

448
110 センチ未満のお子様はご乗車い
ただけません。

449
保護者同伴であればご乗車いただけます。

450
3 番乗り場でお待ちください。

Xiànzài zhèli yào děng yíge xiǎoshí.

现在这里要等1个小时。

シエン ヅァイ ヂゥー リ ヤオ ダァン イー ガ
シャオ シー

Zhèige yóuyì qìjù zài xiūlǐ.

这个游艺器具在修理。

ヂェイ ガ ヨウ イー チー ジュィ ヅァイ
シォウ リー

Shēngāo bùmǎn yì mǐ yì de xiǎopéngyou bù kěyǐ zuò zhèige chē.

身高不满一米一的小朋友不可以座这个车。

シェン ガオ プー マン イー ミー イー ダ
シャオ プォン ヨウ プー クゥー イー ヅオ ヂェイ ガ チゥー

Rúguǒ yǒu jiānhùrén yìqǐ, kěyǐ zuò.

如果有监护人一起，可以坐。

ルー グオ ヨウ ジエン フー レン イー チー
クゥー イー ヅオ

Qǐng zài sān hào děng.

请在三号等。

チィン ヅァイ サン ハオ ダァン

181

451 　荷物はロッカーに預けてください。

452 　帽子ははずしてください。

453 　水がかかる場合がございます。

454 　貴重品は足元に置いてください。

455 　シートベルトを締めてお待ちください。

091

Xíngli qǐng cúnfàng zài chǔwùguì lǐmiàn.

行李请存放在储物柜里面。

シィン↗ リ チィン↘ ツゥン↗ファン↘ ヅァイ↘

チュウ↘ウー↘グイ↘ リー↘ミエン↘

Qǐng zhāidiào màozi.

请摘掉帽子。

チィン↘ チャイ→ディアオ↘ マオ↘ヅ

Yǒukěnéng huì pōdào shuǐ.

有可能会泼到水。

ヨウ↗コォ↘ナァン↗ フゥエイ↘ ポー→タオ↘ シュエイ↘

Zhòngyào de dōngxi qǐng fàngzài jiǎoxià.

重要的东西请放在脚下。

ヂョォン↘ヤオ↘ ダ トォン→シ

チィン↘ ファン↘ヅァイ↘ ジアオ↘シア↘

Qǐng jìhǎo ānquándài.

请系好安全带。

チィン↘ ジー↘ハオ↘ アン→チュエン↗タイ↘

183

456 シートベルトを確認いたします。

457 安全バーが下がるので手を上げてお待ちください。

458 お降りの際は足元にお気を付けください。

459 お手をどうぞ。

460 足元にお気を付けください。

092

Qǐng quèrèn shìfǒu jìhǎo ānquándài.

请确认是否系好安全带。

チィン チュエ レン シー フォウ ジー ハオ
アン チュエン タイ

Ānquánbàng xiàjiàng de shíhou qǐng xiàngshàng shēnshǒu.

安全棒下降的时候请向上伸手。

アン チュエン パァン シア ジィアン ダ シー ホウ
チィン シアン シャン シェン ショウ

Xiàlai shíhou xiǎoxīn jiǎoxià.

下来时候小心脚下。

シア ライ シー ホウ シャオ シン ジァオ シア

Gěi wǒ nín de shǒu.

给我您的手。

ゲイ ウォ ニン ダ ショウ

Xiǎoxīn jiǎoxià.

小心脚下。

シャオ シン ジァオ シア

461

はい，［　　　］でございます。

462

このまま切らずにお待ちください。

463

お待たせいたしました，［　　　］です。

464

担当者に代わります。

465

どういったご用件でしょうか。

093

Wèi, wǒ shì [   ].

喂，我是[   ]。

ウエイ↘　ウオ↙　シー↘ [   ]

Qǐng zài xiàn shāo děng.

请在线稍等。

チィン↙　ヅァイ↘　シエン↘　シアオ→　ダァン↙

Bù hǎoyìsi ràng nín jiǔ děng le, wǒ shì [   ].

不好意思让您久等了，我是[   ]。

プー↘　ハオ↙イー↘ス　ラァン↘　ニン↗　ジォウ↙　ダァン↙　ラ

ウオ↙　シー↘ [   ]

Nà, wǒ huàn gěi fùzérén.

那，我换给负责人。

ナー↘　ウオ↙　フゥアン↘　ゲイ↙　フー↘ヅゥー↗レン↗

Yǒu shénme shì ma?

有什么事吗？

ヨウ↙　シェン↗マ　シー↘　マ

187

466 お名前をお教えいただけますか。

 467 念のためお電話番号をお教えいただけ
ますか。

 468 [　　]はただいま席を外しております。

 469 休みをとっております。

 470 本日は帰宅いたしました。

094

Nín de míngzi kěyǐ gàosu wǒ ma?

您的名字可以告诉我吗?

ニン↗ ダ ミィン↗ズ クゥー↗イー↘ ガオ↘ス ウオ↘ マ

Nín de diànhuà hàomǎ kěyǐ gàosu wǒ ma?

您的电话号码可以告诉我吗?

ニン↗ ダ ディエン↘ホワ↘ ハオ↘マー↘
クゥー↗イー↘ ガオ↘ス ウオ↘ マ

[   ] xiànzài bú zài.

[   ]现在不在。

[   ] シエン↘ヅァイ↘ プー↗ ヅァイ↘

Xiūjiǎ le.

休假了。

シォウ→ジア↘ ラ

Jīntiān huí jiā le.

今天回家了。

ジン→ティエン→ フゥェイ↗ ジア→ ラ

189

471

ただいまほかの電話に出ております。

472

よろしければご伝言を承ります。

473

折り返しお電話差し上げます。

474

間違ってお掛けのようです。

475

お電話ありがとうございました。

《電話を切る》

Xiànzài zhèngzài jiē bié de diànhuà.
现在正在接别的电话。

シエン ヅァイ ヂョォン ヅァイ ジエ ビエ ダ
ディエン ホワ

Yào wǒ bāng nín chuánhuà ma?
要我帮您传话吗？

ヤオ ウオ パァン ニン チュアン ホワ マ

Huítóu gěi nín dǎguòqu.
回头给您打过去。

フゥエイ トウ ゲイ ニン ダー グオ チュィ

Hǎoxiàng shì dǎcuò le ba.
好像是打错了吧。

ハオ シアン シー ダー ツオ ラ バ

Xièxie, zàijiàn.
谢谢，再见。

シエ シエ ヅァイ チエン

476

大丈夫ですか。

477

どこが痛いですか。

478

横になってください。

479

救急車を呼びました。

480

安静にしてください。

Méi wèntí ma?
没问题吗?

メイ⤴ ウェン⤵ ティー⤴ マ

Nǎli téng ma?
哪里疼吗?

ナー⤵ リ トァン⤴ マ

Qǐng tǎngzhe.
请躺着。

チン⤴ タァン⤵ <u>ヂゥ</u>

Jiào jiùhùchē.
叫救护车。

ジァオ⤵ ジォウ⤵ フー⤵ <u>チゥー</u>⤴

Qǐng ānjìng.
请安静。

チン⤵ アン→ ジィン⤴

481

どうぞお大事になさってください。

482

何を失くされましたか。

483

鞄は何色ですか。

484

お探しのものはこちらですか。

485

見つけましたらすぐにご連絡します。

Qǐng zhùyì shēntǐ.
请注意身体。

チィン ヂュウ イー シェン ティー

Shì yǒu shénme diào le ma?
是有什么掉了吗?

シー ヨウ シェン マ ディアオ ラ マ

Bāo shì shénme yánsè?
包是什么颜色?

パオ シー シェン マ イエン スゥー

Nín shì zài zhǎo zhèige ma?
您是在找这个吗?

ニン シー ヅァイ ヂャオ ヂェイ ガ マ

Zhǎo dào le mǎshàng hé nín liánxì.
找到了马上和您联系。

ヂャオ タオ ラ マー シャン フゥー ニン
リエン シー

486 ご連絡先をお教えください。

487 こちらには届いておりません。

488 どうかされましたか。

489 盗まれた物は何ですか。

490 すぐに警察をお呼びします。

Liánxì fāngshì qǐng gàosu wǒ.

联系方式请告诉我。

リエン シー ファン シー チィン ガオ スー ウオ

Méiyou dào zhèli.

没有到这里。

メイ ヨウ タオ ヂゥー リ

Yǒu shénme shì ma?

有什么事吗?

ヨウ シェン マ シー マ

Bèi tōu de shì shénme?

被偷的是什么?

ペイ トウ ダ シー シェン マ

Mǎshàng jiào jǐngchá lái.

马上叫警察来。

マー シャン ジアオ ジィン チャー ライ

491
ここは立入禁止です。

492
危険ですので離れてください。

493
失礼ですが鞄の中身を拝見します。

494
ほかのお客様のご迷惑になりますので
ご遠慮ください。

495
自撮り棒はご使用にならないでください。

🔊 **099**

Zhèli bù kěyǐ jìnrù.
这里不可以进入。

ヂゥー リ プー クゥー イー ジン ルー

Wēixiǎn, qǐng bùyào kàojìn.
危险，请不要靠近。

ウェイ シエン　チィン プー ヤオ カオ ジン

Duìbuqǐ, qǐng ràng wǒ jiǎnchá yíxià nín de bāo.
对不起，请让我检查一下您的包。

ドゥエイ プチー　チィン ラァン ウオ
ジエン チャー イー シア ニン ダ パオ

Qǐng búyào gěi zhōuwéi de kèrén zàochéng máfan.
请不要给周围的客人造成麻烦。

チィン プー ヤオ ゲイ ヂョウ ウェイ ダ
クゥー レン ヅアオ チァン マー ファン

Qǐng wù yòng zìpāibàng.
请勿用自拍棒。

チィン ウー ヨン ヅー パイ バン

496
商品は会計後にお召し上がりください。

 497
 割り込みはしないでください。

 498
危険ですので登らないでください。

 499
 お静かに願います。

500
お会計はお済みですか。

Qǐng mǎi dān hòu chī.
请买单后吃。

チィン˅ マイ˅ タン→ ホウˎ チー→

Qǐng wù chāduì.
请勿插队。

チィン˅ ウーˎ チャー→ドゥエイ˅

Wēixiǎn, Qǐng wù pāndēng.
危险，请勿攀登。

ウェイ→シエン˅　チィン˅ ウーˎ パン→ダァン→

Qǐng ānjìng.
请安静。

チィン˅ アン→ジィンˎ

Nín mǎi dān le ma?
您买单了吗？

ニンˎ マイ˅ タン→ ラ マ

201

501 食べ物

ご飯	饭	fàn	ファン
パン	面包	miànbāo	ミエン パオ
麺	面条	miàntiáo	ミエン ティアオ
トマト	番茄	fānqié	ファン チエ
レタス	生菜	shēngcài	ショオン ツァイ
ハム	火腿片	huǒtuǐpiàn	フゥオ トゥエイ ピエン
卵	鸡蛋	jīdàn	ジィー タン
魚	鱼	yú	ユィ
マグロ	金枪鱼	jīnqiāngyú	ジン チアン ユィ
サーモン	三文鱼	sānwényú	サン ウェン ユィ
イクラ	红鱼子	hóngyúzǐ	ホォン ユィ ツー
ウニ	海胆	hǎidǎn	ハイ タン
エビ	虾	xiā	シア
カニ	蟹	xiè	シエ
肉	肉	ròu	ロウ
牛肉	牛肉	niúròu	ニォウ ロウ
豚肉	猪肉	zhūròu	チュウ ロウ
鶏肉	鸡肉	jīròu	ジィー ロウ
ステーキ	牛排	niúpái	ニォウ パイ

502 飲み物

お酒	酒	jiǔ	ジォウ
ビール	啤酒	píjiǔ	ピー ジォウ
赤ワイン	红酒	hóngjiǔ	ホォン ジォウ
日本酒	日本酒	Rìběnjiǔ	リィー ベン ジォウ
ウイスキー	威士忌	wēishìjì	ウェイ シー ジィー
コーラ	可乐	kělè	クゥー ラー
オレンジジュース	橙汁	chéngzhī	チョォン チー
炭酸水	碳酸水	tànsuānshuǐ	タン スアン シュエイ
水	水	shuǐ	シュエイ
牛乳	牛奶	niúnǎi	ニォウ ナイ

| **日本茶** | 日本茶 | Rìběnchá | リー↗ベン↗チャー↗ |
| **紅茶** | 红茶 | hóngchá | ホォン↗チャー↗ |

503
味

甘い	甜	tián	ティエン↗
苦い	苦	kǔ	クー↘
辛い	辣	là	ラー↘
しょっぱい	咸	xián	シエン↗
すっぱい	酸	suān	スアン→

504
色

黒	黑色	hēisè	ヘイ→スゥー↘
白	白色	báisè	バイ↗スゥー↘
赤	红色	hóngsè	ホォン↗スゥー↘
青	蓝色	lánsè	ラン↗スゥー↘
水色	淡蓝色	dànlánsè	タン↘ラン↗スゥー↘
黄色	黄色	huángsè	フゥアン↗スゥー↘
緑	绿色	lùsè	リュイ↘スゥー↘
紫	紫色	zǐsè	ツー↘スゥー↘
茶色	茶色	chásè	チャー↗スゥー↘
ピンク	粉红色	fěnhóngsè	フェン↘ホン↗スゥー↘
ベージュ	淡棕色	dànzōngsè	タアン↘ヅォン→スゥー↘
ゴールド	金色	jīnsè	ジィン→スゥー↘
シルバー	银色	yínsè	イン↗スゥー↘

505
模様

ストライプ	条纹	tiáowén	ティアオ↗ウェン↗
水玉	水珠图案	shuǐzhūtú'àn	シュエイ↘ヂュウ→トゥ↗アン↘
チェック	花格	huā gé	ホア→ガ↗
プリント柄	印刷花纹	yìnshuāhuāwén	イン↘シュア→ホア→ウェン↗
アニマル柄	豹纹	bàowén	パァオ↘ウェン↗

203

コスメ

マスカラ	睫毛膏	jiémáogāo	ジィエ↗マオ↗ガオ→
口紅	口红	kǒuhóng	コウ↘ホォン↗
ファンデーション	粉底	fěndǐ	フェン↘ディー↘
チーク	腮红	sāihóng	サイ→ホォン↗
アイシャドウ	眼影	yǎnyǐng	イエン↘イン↘
アイブロウペンシル	眉笔	méibǐ	メイ↗ビィー↘
アイライナー	眼线	yǎnxiàn	イエン↘シエン↘
ビューラー	夹睫毛器	jiā jiémáo qì	ジア→ ジィエ↗マオ↗ チー↘

アクセサリー

ピアス	耳钉	ěrdīng	アール↘ディン→
イヤリング	耳环	ěrhuán	アール↘フゥアン↗
ネックレス	项链	xiàngliàn	シアン↘リエン↘
指輪	戒指	jièzhi	ジエ↘ヂ
ブローチ	胸针	xiōngzhēn	シオン→チェン→
ブレスレット	手链	shǒuliàn	ショウ↘リエン↘
ベルト	皮带	pídài	ピー↗タイ↘
ヘアアクセサリー	装饰品	zhuāngshìpǐn	ヂュアン→シー↘ピン↘

館内施設

フロント	前台	qiántái	チエン↗タイ↗
非常口	逃生门	táoshēngmén	タオ↗ショォン→メン↗
非常階段	逃生楼梯	táoshēng lóutī	タオ↗ショォン→ ロウ↗ティー→
エレベーター	电梯	diàntī	ディエン↘ティー→
トイレ	洗手间	xǐshǒujiān	シー↘ショウ↘ジエン→
喫煙コーナー	吸烟室	xīyānshì	シー→イエン→シー↘
金庫	保险箱	bǎoxiǎnxiāng	バオ↘シエン↘シアン→
売店	小卖部	xiǎomàibù	シャオ↘マイ↘プー↘
温泉	温泉	wēnquán	ウェン→チュエン↗
大浴場	大浴场	dà yùchǎng	ター↘ ユィ↘チャン↘
露天風呂	露天温泉	lùtiān wēnquán	ルー↘ティエン→ ウェン→チュエン↗

| カラオケルーム | 卡拉OK间 | kǎlāok jiān | カー▽ ラー→ オケ ジエン→ |
| 宴会場 | 宴会厅 | yànhuì tīng | イエン丶 フゥイ丶 ティン→ |

生活用品

シャンプー	洗发水	xǐfàshuǐ	シー▽ ファー丶 シュエイ▽
リンス	护发素	hùfàsù	フー丶 ファー丶 スー丶
ボディーソープ	沐浴露	mùyùlù	ムー丶 ユィ丶 ルー丶
トイレットペーパー	手纸	shǒuzhǐ	ショウ▽ チー▽
ティッシュペーパー	纸巾	zhǐjīn	チー▽ ジン→
カミソリ	刮胡刀	guāhúdāo	グア→ フー→ タオ→
生理用品	卫生巾	wèishēngjīn	ウェイ丶 ショォン→ ジン→

薬

風邪薬	感冒药	gǎnmàoyào	ガン▽ マオ丶 ヤオ丶
頭痛薬	头痛药	tóutòngyào	トウ→ トォン丶 ヤオ丶
胃腸薬	肠胃药	chángwèiyào	チャン→ ウェイ丶 ヤオ丶
整腸剤	疏通肠道药	shūtōng chángdào yào	シュウ→ トォン→ チャン→ タオ丶 ヤオ丶
下痢止め	止泻药	zhǐxièyào	チー▽ シエ丶 ヤオ丶
酔い止め	防晕药	fángyùnyān	ファン→ ユン丶 ヤオ丶
痛み止め	止痛药	zhǐtòngyào	チー▽ トォン丶 ヤオ丶
湿布	膏药布	gāoyàobù	ガオ→ ヤオ丶 プー丶
医療用カットテープ	橡皮膏	xiàngpígāo	シアン丶 ピー→ ガオ→
日焼け止め	防晒霜	fángshàishuāng	ファン→ シャイ丶 シュアン→
虫除けスプレー	防蚊叮	fángwéndīng	ファン→ ウェン→ ディン→
マスク	口罩	kǒuzhào	コウ▽ チャオ丶
消毒液	消毒液	xiāodúyè	シアオ→ ドゥ→ イエ丶

季節と行事

春	春	chūn	チュン→
夏	夏	xià	シア丶
秋	秋	qiū	チォウ→

205

冬	冬	dōng	ドン→
お花見	赏花	shǎng huā	シャンˇ ファ→
花火	烟花	yānhuā	イエン→ ファ→
ハロウィン	万圣节	wànshèngjié	ワンˇ シォンˇ ジエ⤴
クリスマス	圣诞节	shèngdànjié	シォンˇ タンˇ ジエ⤴

単位

グラム	克	kè	クゥーˇ
キログラム	公斤	gōngjīn	ゴン→ ジン→
センチメートル	厘米	límǐ	リーˇ ミーˇ
メートル	米	mǐ	ミーˇ
キロメートル	公里	gōnglǐ	ゴン→ リーˇ
リットル	升	shēng	シォン→

513

◁)) 102

数の表現

1	yī※	イー→	16	shíliù	シー↗リウ↘
2	èr	アール↘	17	shíqī	シー↗チー→
3	sān	サン→	18	shíbā	シー↗パー→
4	sì	スー↘	19	shíjiǔ	シー↗ジォウ∨
5	wǔ	ウー∨	20	èrshí	アール↘シー↗
6	liù	リウ↘	30	sānshí	サン→シー↗
7	qī	チー→	40	sìshí	スー↘シー↗
8	bā	パー→	50	wǔshí	ウー∨シー↗
9	jiǔ	ジォウ∨	60	liùshí	リウ↘シー↗
10	shí	シー↗	70	qīshí	チー→シー↗
11	shíyī	シー↗イー→	80	bāshí	パー→シー↗
12	shíèr	シー↗アール↘	90	jiǔshí	ジォウ∨シー↗
13	shísān	シー↗サン→	100	yìbǎi	イー↘バイ∨
14	shísì	シー↗スー↘	1,000	yìqiān	イー↘チエン→
15	shíwǔ	シー↗ウー∨	10,000	yíwàn	イー↗ワン↘

※【一(yī)】は本来１声だが，後の音によって２声や４声に変化する。
※ 100，1,000，10,000 と言う場合は，「1」を省略せずに，
100 ＝一百，1,000 ＝一千，10,000 ＝一万　と言う。
一百と一千は一が４声だが，一万は２声になるので注意。

▶値段の言い方　　2,654 円と言いたい場合

2 èr	千 qiān	6 liù	百 bǎi	50 wǔshí	4 sì	円 rìyuán
アール↘	チエン→	リウ↘	バイ∨	ウー∨シー↗	スー↘	リー↘ユエン↘

▶電話番号の言い方　　7890-65-1234 と言いたい場合

7 qī	8 bā	9 jiǔ	0 líng	-	6 liù	5 wǔ	-	1 yī	2 èr	3 sān	4 sì
チー→	パー→	ジォウ∨	リン↗		リウ↘	ウー∨		イー→	アール↘	サン→	スー↘

時間の言い方

～時	[数字]+点	～ diǎn	～ディエン
1時	一点	yìdiǎn	**イー↘ディエン↘**
2時	※两点	liǎngdiǎn	**リャン↗ディエン↘**
3時	三点	sāndiǎn	**サン→ディエン↘**
4時	四点	sìdiǎn	**スー↘ディエン↘**
5時	五点	wǔdiǎn	**ウー↗ディエン↘**
6時	六点	liùdiǎn	**リウ↘ディエン↘**
7時	七点	qīdiǎn	**チー→ディエン↘**
8時	八点	bādiǎn	**パー→ディエン↘**
9時	九点	jiǔdiǎn	**ジョウ↗ディエン↘**
10時	十点	shídiǎn	**シー↗ディエン↘**
11時	十一点	shíyīdiǎn	**シー↗イー→ディエン↘**
12時	十二点	shíèrdiǎn	**シー↗アール↘ディエン↘**
午前	上午	shàngwǔ	**シャン↘ウー↗**
午後	上午	xiàwǔ	**シア↘ウー↗**

▶**時点か時間の量を表すかで言い方が変化するので注意。**

※2時は二点（èrdiǎn）
ではなく两点（liǎngdiǎn）
と言う。

1秒	一秒	yīmiǎo	**イー→ミアオ↗**
2秒	二秒	èrmiǎo	**アール↘ミアオ↗**
3秒	三秒	sānmiǎo	**サン→ミアオ↗**
1分	一分	yīfēn	**イー→フェン→**
2分	二分	èrfēn	**アール↘フェン→**
3分	三分	sānfēn	**サン→フェン→**
1時	一点	yìdiǎn	**イー↘ディエン↘**
2時	两点	liǎngdiǎn	**リャン↗ディエン↘**
3時	三点	sāndiǎn	**サン→ディエン↘**

1秒間	一秒	yìmiǎo	**イー↘ミアオ↗**
2秒間	两秒	liǎngmiǎo	**リャン↗ミアオ↗**
3秒間	三秒	sānmiǎo	**サン→ミアオ↗**
1分間	一分(钟)	yìfēn (zhōng)	**イー↘フェン→（チョオン→）**
2分間	两分(钟)	liǎngfēn (zhōng)	**リャン↗フェン→（チョオン→）**
3分間	三分(钟)	sānfēn (zhōng)	**サン→フェン→（チョオン→）**
1時間	一个小时	yí ge xiǎoshí	**イー↗ガ シアオ↗シー↗**
2時間	两个小时	liǎng ge xiǎoshí	**リャン↗ガ シアオ↗シー↗**
3時間	三个小时	sān ge xiǎoshí	**サン→ガ シアオ↗シー↗**

※「1」は四声，「2」は読み方に注意。
「3」以降は同じ。

▶**2時5分と言いたい場合**

2 líang	**時** diǎn	**5** líng wǔ	**分** fēn
リャン↗	**ディエン↘**	**リン→※ウー↗**	**フェン→**

※líng **リン→**は零のこと。一桁の場合は必ず付ける。

515

月日の言い方

[数字]＋月	〜 yuè	〜ユエ↘
1月	yíyuè	イー↗ユエ↘
2月	èryuè	アール↘ユエ↘
3月	sānyuè	サン→ユエ↘
4月	sìyuè	スー↘ユエ↘
5月	wǔyuè	ウー↘ユエ↘
6月	liùyuè	リウ↘ユエ↘
7月	qīyuè	チー→ユエ↘
8月	bāyuè	パー→ユエ↘
9月	jiǔyuè	ジョウ↘ユエ↘
10月	shíyuè	シー↗ユエ↘
11月	shíyīyuè	シー↗イー→ユエ↘
12月	shíèryuè	シー↗アール↘ユエ↘
〜日 [数字]＋号	〜 hào	〜ハオ↘

※「〜日間」と言う場合は [数字]＋天 (tiān **ティエン**→)。1日 (ついたち) は一号 (yīhào)，1日 (いちにち) は一天 (yìtiān) となる。2日 (ふつか) は二号 (èrhào) だが，2日間は两点 (liǎngtiān) なので注意。

516

曜日の言い方

〜曜日	星期＋[数字]	xīngqī 〜	シン→チィ→〜
月曜日	星期一	xīngqīyī	シン→チィ→イー→
火曜日	星期二	xīngqīèr	シン→チィ→アール↘
水曜日	星期三	xīngqīsān	シン→チィ→サン→
木曜日	星期四	xīngqīsì	シン→チィ→スー↘
金曜日	星期五	xīngqīwǔ	シン→チィ→ウー↘
土曜日	星期六	xīngqīliù	シン→チィ→リウ↘
日曜日	星期日	xīngqīrì	シン→チィ→リー↘

あ

IC カードをタッチしてください。	138
IC カードをチャージなさいますか。	140
アイスをお選びください。	70
相席になりますがよろしいですか。	86
あいにく個室は空いておりません。	86
あいにく本日は満室でございます。	98
仰向けに寝てください。	130
足元にお気を付けください。	184
温かいうちにどうぞ。	92
温かいお茶をお持ちしましょうか。	92
温め終わるまで少々お待ちください。	36
あちらでございます。	6
熱いので気を付けてお召し上がりください。	
	82
熱燗と冷やどちらになさいますか。	88
(領収書の) 宛名はどうなさいますか。	20
ありがとうございます。	8
歩いて行くには遠すぎます。	160
アレルギーはお持ちですか。	42
暗証番号を入力してください。	16
安静にしてください。	192
安全バーが下がるので手を上げてお待ちください。	184

い

いかがでしょうか。	136
行き先はどちらですか。	148
行きたい観光地はございますか。	156
いくつお付けしますか。	36
いくら両替なさいますか。	26
椅子席はお値段がお手頃です。	172
痛かったら教えてください。	130
1 年保証が無料で付きます。	48
1 番線に乗り換えてください。	144
一番人気のお土産です。	34
1 週間ほどかかりますがよろしいですか。	52
いまは桜が見頃です。	152
いま流行りのヘアスタイルです。	136

いらっしゃいませ。	2
色違いをお持ちしましょうか。	60

う

後ろの扉からお降りください。	140
うつ伏せに寝てください。	128
上着とお荷物をお預かりします。	134
運賃は後払いです。	138
運賃は前払いです。	138

え

エアコンはこちらです。	104
S，M，L，LL サイズがございます。	60
S サイズはただいま売り切れです。	60
えりの端をつまんで浴衣を広げます。	110

お

お降りの際は足元にお気を付けください。	
	184
お会計はお済みですか。	200
お会計は別々になさいますか。	84
お着替えはお済みでしょうか。	128
お決まりでしたらお伺いします。	76
お客様，お忘れ物です。	154
お気を付けて行ってらっしゃいませ。	122
(お持ちしますので) お車でお待ちください。	
	48
お探しいたしますので少々お待ちください。	
	40
お探しのものはこちらですか。	194
お座敷と椅子席どちらがよろしいですか。	86
お時間が 5 分ほどかかります。	32
お静かに願います。	200
お支払いいただけない場合は，車両のご移動をお願いいたします。	144
お支払いは分割にされますか。	16
おしぼりをどうぞ。	92
お調べいたします。	156
お寿司の値段はお皿の色によって違います。	
	94
おすすめの演目はこちらです。	170

おすすめの観光スポットに丸を付けておきます。 164

お済みになりましたらお呼びください。 118

お済みの食器をお下げします。 92

お席にご案内いたします。 76

恐れ入ります。 40

恐れ入りますが，一列に並んでお待ちください。 68

恐れ入りますが小銭はございますか。 16

おタバコは吸われますか。 74

お試しになりますか。 56

お茶菓子をお召し上がりください。 108

お茶とご飯はこちらにございます。 116

お茶をお入れします。 106

お茶をお持ちします。 132

お疲れさまでした。 132

おつりです。 14

お手をどうぞ。 184

お電話ありがとうございました。 190

お得なワンデーパスがございます。 178

大人は一日 2 錠服用してください。 42

お取り寄せいたしますか。 52

お名前のご記入をお願いします。 176

お名前をお教えいただけますか。 188

お荷物をお運びいたします。 102

お荷物をトランクにお入れしますか。 148

お飲み物，おつまみ，お弁当はいかがですか。 144

お飲み物の追加はいかがですか。 92

お飲み物は何になさいますか。 64

お飲み物は別料金です。 84

お早めにお召し上がりください。 34

おはようございます。 2

お 1 人様 1 個までです。 38

お冷やしいたします。 130

帯を巻きます。 112

オプションで保証期間が延長できます。 50

お布団は係の者が敷きにまいります。 106

お布団を片付けにまいりました。 118

お布団を敷かせていただきます。 118

お部屋で Wi-Fi をお使いになれます。 104

お待たせいたしました。 4

お待たせいたしました。《食事を持って》 116

お待たせいたしました，[ ] です。 186

お待ちしておりました。 96

お持ち帰りですか。 64

お持ち帰りのお時間はどれくらいですか。 72

お湯加減はいかがですか。 136

お湯割りもできます。 90

折り返しお電話差し上げます。 190

お忘れ物のないようお気を付けください。 154

終わりました。 132

音声ガイドをご利用になれます。 168

温度に慣れるため入る前に湯を体にかけます。 124

か

カード会社にお問い合わせください。 18

カードの有効期限が切れております。 18

カートはこちらにございます。 38

カードをお預かりします。 16

階段を渡って反対側のホームです。 146

書いていただけますか。 12

開封済みの商品は交換できません。 28

カウンターでもよろしいですか。 86

鏡はこちらです。 62

学生証のご提示をお願いします。 166

確認事項をチェックして問題がなければ署名してください。 126

カゴをお使いください。 38

傘をお貸ししましょうか。 122

かしこまりました。 8

貸出に別途料金がかかります。 168

カットのみでよろしいですか。 134

角を曲がってください。 162

カバーの種類をお選びください。 54

鞄は何色ですか。 194

髪が湯船に浸からないよう結んでください。
124

体を洗ってから湯船に浸かってください。
124

体を横に向けてください。 130

体を楽にして力を抜いてください。 128

観光周遊バスをご利用ください。 160

観光ですか。 152

乾燥肌用［敏感肌用］はこちらです。 56

館内でのご飲食はご遠慮ください。 176

館内ではお静かに願います。 176

き

着替え終わりましたら受付までお越しください。
132

着方はご存知ですか。 110

危険ですので登らないでください。 200

危険ですので離れてください。 198

貴重品は足元に置いてください。 182

切符を拝見します。 142

記念にお写真をお撮りしましょうか。 120

キャンドルはお付けしますか。 70

救急車を呼びました。 192

距離が遠すぎるため行けません。 150

金庫のカギです。 104

く

靴を脱いでお上がりください。 102

クレジットカードは使えません。 20

け

迎車料金がかかりますがよろしいですか。
120

軽食や飲み物はロビーで販売しております。
172

ケーキのご確認をお願いします。 72

劇場内は開演 10 分前になりましたら入れます。
168

元から円の両替でよろしいですか。 26

現金でのお支払いですか。 138

こ

ご案内までロビーでお待ちください。 100

高速道路を利用すれば早く着きます。 150

高速料金が別途かかりますがよろしいですか。
150

コースは 2 名様より承ります。 78

コーヒーのおかわりはいかがですか。 82

コーンとカップどちらになさいますか。 70

国内配送のみになります。 48

ご購入の印としてテープを貼らせていただき
ます。 40

ここからだと少し遠いです。 160

ここからバスに乗ります。 158

ここから約 30 分ほどかかります。 152

ここだけの限定品です。 72

ここは立入禁止です。 198

ございます。 8

ございません。 8

ご試着なさいますか。 60

ご住所かお電話番号はおわかりですか。 150

ご自由にお持ちください。 156

ご乗車の際にワンデーパスをご提示ください。
178

ご使用には変圧器が必要です。 46

ご使用方法はわかりますか。 62

ご注文は以上でしょうか。 80

ご注文を確認いたします。 78

ご朝食のお時間は何時になさいますか。 112

ご朝食の際はこちらの券をお持ちください。
114

こちら温めますか。 36

こちらお下げしてもよろしいですか。 82

こちらでお召し上がりですか。 64

こちらで片付けますので置いておいてください。
68

こちらでございます。 6

こちらで書籍を検索できます。 54

こちらでは両替できません。 26

こちらでよろしいでしょうか。 6
こちらとペアになっております。 58
こちらにお着替えください。 128
こちらにご署名をお願いいたします。 16
こちらの時間帯であれば可能です。 124
こちらにタッチしてください。 18
こちらには届いておりません。 196
こちらのアトラクションは現在調整中です。 180
こちらのカードはご使用になれません。 18
こちらのクーポンはお使いいただけません。 66
こちらの車両は別途代金がかかります。 144
こちらの商品は返品できません。 28
こちらの席が見やすいです。 166
こちらの伝票をレジまでお持ちください。 94
こちらの電話でお呼びください。 114
こちらの番号札をお持ちください。 66
こちらは辛口[甘口]です。 88
こちらは季節限定のメニューです。 78
こちらはご試着になれません。 62
こちらは粉薬でございます。 42
こちらはセール対象外です。 48
こちらは対象外です。 24
こちらは展示品です。 46
こちらはフリーサイズです。 60
こちらは平日限定のメニューでございます。 78
こちらは保存がききません。 34
こちらをおすすめします。 44
5人以上は定員オーバーです。 148
この辺りでお停めしてよろしいですか。 154
この粉を湯飲みに入れてお湯をそそぎます。 94
この席ですと花道が近いです。 170
このまま切らずにお待ちください。 186
ご夕食は宴会場にてご用意いたします。 116
ご夕食はお部屋にお運びいたします。 116

ご夕食は何時になさいますか。 112
ごゆっくりお召し上がりください。 118
ごゆっくりおくつろぎください。 114
ご用の際はこちらのボタンを押してください。 76
ご用の際はなんなりとお申し付けください。 114
ご予算はどれくらいをお考えですか。 44
ご予約のお客様を待っているためご乗車いただけません。 148
ご予約はされていますか。 126
これ以上は値引きできません。 50
これは浴衣の上に着る羽織です。 112
ご連絡先をお教えください。 196
小分けの袋をお入れしておきます。 32
混雑のため,30分ほどお待ちいただきますがよろしいですか。 74
こんにちは。 2
こんばんは。 2

さ
サービスカウンターでレシートをご提示ください。 30
在庫切れでございます。 52
在庫を確認してまいります。 46
サイズはいかがなさいますか。 66
サイドメニューをお選びください。 64
再入場できませんのでご注意ください。 174
再入場にはこの半券が必要となります。 168
先にお席の確保をお願いします。 68
桟敷席では靴を脱いでください。 170
座席が間違っております。 142
座席表をご覧ください。 172
砂糖はおいくつお付けしますか。 68
残高が不足しております。 20
3番乗り場でお待ちください。 180

し
シートベルトをお締めください。 150
シートベルトを確認いたします。 184

シートベルトを締めてお待ちください。　**182**

次回ご利用いただけるクーポン券でございます。
　84

時間になりましたら受付までお越しください。
　176

事故のため遅れています。　**146**

失礼いたします。　**154**

失礼ですが鞄の中身を拝見します。　**198**

指定席券はお持ちですか。　**142**

自撮り棒はご使用にならないでください。
　198

写真撮影はご遠慮ください。　**174**

シャンプー台までご案内します。　**136**

10 円不足しております。　**14**

終日運転を見合わせております。　**146**

自由席の車両はここではございません。　**142**

周辺の地図です。　**156**

順路はこちらからです。　**176**

少々お待ちください。　**4**

商品は会計後にお召し上がりください。　**200**

賞味期限はこちらに記載されています。　**34**

食後 [食前] に服用してください。　**42**

新刊売り場はこちらです。　**54**

シングルは満室です。　**98**

新製品はこちらです。　**44**

深夜割増料金になりますがよろしいですか。
　152

す

スープ，ドリンクはあちらです。　**80**

すぐそこです。　**158**

すぐに警察をお呼びします。　**196**

すぐに交換いたします。　**28**

少しだけ話せます。　**12**

寿司以外のメニューもございます。　**94**

すっきりした味わいです。　**88**

ストレートとロックどちらにしますか。　**90**

スプーンはご入り用ですか。　**36**

すべて 100 円でよろしいですか。　**26**

せ

税金は含まれておりません。　**14**

制限時間は 90 分です。　**84**

税込み価格です。　**14**

精算機で清算してください。　**146**

整理券をお取りください。　**138**

席はどちらになさいますか。　**166**

セットがお得です。　**66**

セルフサービスとなっております。　**80**

そ

そちらに掛けてお待ちください。　**134**

そちらのタッチパネルでもご注文になれます。
　90

その時間の上映は満席です。　**166**

それはできかねます。　**4**

た

代金はこちらです。　**14**

代金はチェックアウト時にお支払いください。
　100

代金は前払いです。　**100**

大丈夫ですか。　**192**

大変失礼いたしました。　**4**

大浴場は翌朝に男湯と女湯が入れ替わります。
　106

タオルと浴衣はこちらにございます。　**108**

タオルは湯船に浸けないようにお願いします。
　124

タクシーで行ったほうが早いです。　**158**

タクシーをお呼びしますか。　**120**

ただいま 1 時間待ちとなります。　**180**

ただいま小銭が不足しております。　**26**

([　]は) ただいま席を外しております。　**188**

ただいまほかの電話に出ております。　**190**

タマリ席ではご飲食できません。　**172**

タレにつけてお召し上がりください。　**90**

担当者に代わります。　**186**

担当者を呼んでまいります。　**46**

ち

小さなタオルはお持ち帰りになれます。	108
チェーンの長さは調整可能です。	58
近くまでご案内します。	164
チケットはどの種類になさいますか。	178
チケットを拝見します。	168
地図をお描きします。	164
中国語ができる者に代わります。	10
中国語がわかりません。	10
駐車券はお持ちですか。	40

つ

ツインであればお泊まりになれます。	98

て

テーブルをお片付けいたします。	118
出来上がりましたらお席までお持ちします。	66
出来上がりましたらお持ちします。	32
出来上がりましたらお呼びします。	72
出来上がりまで少々お待ちください。	80
展示品にお手を触れないようお願いします。	174
電池は別売りなのでご注意ください。	50
店内をご覧になってお待ちください。	32

と

ドアはオートロックです。	122
ドアはオートロックではございませんのでご注意ください。	122
トイレはこちらです。	82
トイレは店内ではなく外にございます。	82
どういたしまして。	8
どういったご用件でしょうか。	186
どういった不備がございましたか。	28
どういった部屋をご希望ですか。	96
どうかされましたか。	196
動画の撮影はご遠慮願います。	174
どうぞ。	6
どうぞお気を付けて。	10
どうぞ大事になさってください。	194

どうぞお入りください。	102
当店では取り扱っておりません。	56
当店のご利用は初めてですか。	126
当店は全席禁煙でございます。	74
どこが痛いですか。	192
どちらからご乗車されましたか。	140
どちらの国から来られましたか。	152
どちらのブランドをお探しですか。	56
特急券が必要となります。	142
どのコースになさいますか。	126
ドライアイスが入っておりますので，お気を付けください。	72
ドリンクバーはお付けしますか。	80
どれくらいお切りになりますか。	134
どんなヘアスタイルになさいますか。	134

な

何かお困りですか。	4
何かお探しですか。	44
何を失くされましたか。	194
生ビールと瓶ビールがございます。	88
何本お付けしますか。	70
何名様でしょうか。	74

に

2個ご購入でさらにお安くなります。	38
23番でお待ちのお客様！	32
2台に分乗してください。	148
日本酒は辛口と甘口がございます。	86
日本製です。	46
日本は初めてですか。	102
荷物はロッカーに預けてください。	182
入園のみのチケットになりますがよろしいですか。	178

ぬ

盗まれた物は何ですか。	196

ね

値引き後の価格になります。	52
念のためお電話番号をお教えいただけますか。	188

の

濃厚な味わいです。 88
残りは現金でのお支払いですか。 20
乗り物に乗るには別途チケットが必要です。
178

は

はい。 6
入ってもよろしいでしょうか。 116
はい，[ ]でございます。 186
箱は有料になります。 30
箸はご入り用ですか。 36
バスタオルはお持ち帰りできません。 108
バスは本数が少ないです。 158
パスポートをお借りいたします。 24
パスポートをお持ちですか。 24
パスポートを拝見してよろしいですか。 98
番号をお忘れのないようお願いします。 104
反対側のホームでお待ください。 144
パンとライスどちらになさいますか。 76
パンフレットは無料です。 156

ひ

非常口は廊下の突き当たりです。 102
左身ごろが上になるようにします。 112
100円お買い上げごとに1ポイント貯まります。
22
110センチ未満のお子様はご乗車いただけま
せん。 180
昼の部，夜の部どちらになさいますか。 170

ふ

フェイスカバーをお使いください。 62
副作用で眠くなります。 42
袋にお入れしますか。 38
袋は有料になります。 40
2つ目の駅で下車してください。 146
2つ目の信号を渡ってください。 162
フラッシュは禁止です。 174
プレートにお名前をお入れできます。 70
フロントの内線番号はこちらです。 114

へ

別のサイズをすぐにお持ちします。 110
部屋に露天風呂が付いています。 96
部屋のカギをお渡しいたします。 100
部屋の設備をご説明いたします。 104
部屋番号をお教えください。 122
部屋までご案内いたします。 100

ほ

ポイントカードはお作りしますか。 22
ポイントをお使いになりますか。 22
帽子ははずしてください。 182
包装紙はどちらになさいますか。 30
ほかのお客様のご迷惑になりますのでご遠慮
ください。 198
保護者同伴であればご乗車いただけます。
180
保証書は大切に保管してください。 50
ホットタオルでございます。 130
ホットとアイスどちらになさいますか。 64
歩道橋を渡ります。 162
本日担当する[ ]です。 128
本日のおすすめはこちらです。 90
本日は帰宅いたしました。 188
本日は休館になります。 160
本日はご予約のお客様のみとなっております。
74
本日は予約でいっぱいです。 126
本にカバーはお付けしますか。 54

ま

前髪はどうしますか。 136
幕間(休憩時間)にお座席でお食事をとること
ができます。 170
マス席は4名様用です。 172
またお越しください。 10
またのご利用をお待ちしております。 10
まだ発売しておりません。 54
間違ってお掛けのようです。 190
まっすぐ行ってください。 162

み

右 [左] に曲がります。　162
右身ごろを体にあてます。　110
水がかかる場合がございます。　182
見つけましたらすぐにご連絡します。　194

む

無料でお作りできます。　22
無料でラッピングいたします。　30

め

メーカーはどちらをご希望ですか。　44
免税するのに金額が足りません。　24
免税なさいますか。　24

も

もう一度おっしゃっていただけますか。　12
もう一度タッチをお願いします。　18
申込書にご記入願います。　164
申し訳ございません。　2
毛布はご入り用ですか。　166
目的地に到着いたしました。　154
持ち手をお付けします。　48
もっと値引きいたしますよ。　50
最寄り駅までの送迎バスがございます。　120
最寄り駅は隣の駅です。　158

や

休みをとっております。　188

ゆ

有効期限はこちらに記載してあります。　22
浴衣のお持ち帰りはご遠慮ください。　108
浴衣のサイズのご確認をお願いします。　110
ゆっくりと体を起こしてください。　132
ゆっくり話していただけますか。　12
指差していただけますか。　12
指輪のサイズは何号ですか。　58
指輪のサイズをお測りしましょうか。　58

よ

よくお似合いですね。　58
よくお休みになられましたか。　120
浴室が付いておりません。　98

横になってください。　192
4 時に閉まってしまいます。　160
よろしければご試食してみてください。　34
よろしければご伝言を承ります。　190

ら

来月入荷予定です。　52
ラストオーダーです。　84
ランチメニューは 11 時からです。　76
ランチメニューはサラダとスープ付きです。　78

り

リボンはどちらになさいますか。　30
流行のコスメです。　56
両替する場合はここにお札を入れてください。　140
両替できるお札は 1000 円のみです。　140
領収書でございます。　20
領収書はお持ちですか。　28

れ

冷蔵庫のお飲み物は有料です。　106
レモンかミルクはお付けしますか。　68
レンタサイクルがご利用になれます。　164

わ

Wi-Fi はロビーでのご利用であれば無料です。　106
わさび抜きもできます。　94
和室と洋室がございます。　96
和室にはベッドはございません。　96
割り込みはしないでください。　200
ワンサイズ上 [下] のものをお持ちします。　62

執筆協力

姚穎（ヨウ・エイ）

　中国江蘇省生まれ。大学時代から日本語を勉強しはじめ大学卒業後来日し，現在も日本在住。語学力を活かし翻訳などをする傍ら，中国の観光情報などを SNS にて発信し続けている。

© Goken Co.,Ltd., 2021, Printed in Japan

カタカナで読める！
接客中国語

2021 年 5 月 30 日　　初版第 1 刷発行

編　者　語研編集部
制　作　ツディブックス株式会社
発行者　田中　稔
発行所　株式会社 語研
　　　　〒 101-0064
　　　　東京都千代田区神田猿楽町 2-7-17
　　　　電　　話 03-3291-3986
　　　　ファクス 03-3291-6749
組　版　ツディブックス株式会社
印刷・製本　シナノ書籍印刷株式会社

ISBN978-4-87615-357-2 C0087
書名　カタカナデヨメル　セッキャクチュウゴクゴ
編者　ゴケンヘンシュウブ
著作者および発行者の許可なく転載・複製することを禁じます。

定価はカバーに表示してあります。
乱丁本，落丁本はお取り替えいたします。

株式会社語研

語研ホームページ https://www.goken-net.co.jp/

本書の感想は
スマホから↓